# EL ENIGMA
# BALENCIAGA

# EL ENIGMA
# BALENCIAGA

## MARÍA FERNÁNDEZ-MIRANDA

PLAZA JANÉS

Papel certificado por el Forest Stewardship Council®

Primera edición: noviembre de 2023
Primera reimpresión: diciembre de 2023

© 2023, María Fernández-Miranda
© 2023, Penguin Random House Grupo Editorial, S. A. U.
Travessera de Gràcia, 47-49. 08021 Barcelona

*Printed in Spain* – Impreso en España

ISBN: 978-84-01-03223-3
Depósito legal: B-15.630-2023

Compuesto en M. I. Maquetación, S. L.

Impreso en Rotativas de Estella, S. L.
Villatuerta (Navarra)

L 0 3 2 2 3 3

*Para Álvaro,*
*mi pequeño Balenciaga*

# ÍNDICE

El que ignora la moda se ignora a sí mismo.

CECIL BEATON,
*The Glass of Fashion*

«¿Qué sabemos de la gente en realidad?»,
pensé. «¿Qué demonios sabemos de nadie?».

SIRI HUSTVEDT,
*El verano sin hombres*

# PRÓLOGO

# DETRÁS DE LA CORTINA

Quienes hemos tenido la suerte de asistir en persona a desfiles de moda sabemos que tras el *carrusel* —ese pase final en el que todas las modelos recorren juntas la pasarela, mostrando la colección al completo— siempre se produce la escena más emotiva: el diseñador sale del *backstage* y saluda a los compradores, invitados de postín y prensa, quienes le dedican aplausos desde sus asientos. Algunos creadores solo se asoman unos segundos y agitan la mano en el aire con timidez antes de volver a ocultarse rápidamente de los focos, mientras que otros caminan exultantes a lo largo de toda la plataforma, ya sea en soledad o cogidos de la mano de su maniquí estrella.

Pero siempre es posible encontrar excepciones, sobre todo cuando buceamos en esos desfiles de principios y mediados del siglo pasado, por lo general mucho más sobrios que los actuales. Cuentan que Cristóbal Balenciaga jamás se dejaba ver en la presentación de sus colecciones, que nunca salía a saludar. Si hacemos caso a la leyenda, el diseñador vasco seguía los desfiles a través de un agujero practicado en la cortina de terciopelo que decoraba su *maison* parisina de la avenue George V, o bien oculto tras un biombo si la exhibición tenía lugar en su salón de la capital española. Tampoco se tomaba la molestia de presentarse ante la mayoría de sus clientas cuando estas acudían a comprar a sus establecimientos de San Sebastián, Madrid, Barcelona o París, ni se prodigaba en los eventos que reunían a la flor y nata de aquella Francia en la que se instaló en 1936, huyendo de la guerra civil española. «No malgastes tu tiempo en sociedad», le dijo en cierta ocasión a su amigo el comerciante de tejidos suizo Gustav Zumsteg. Una actitud que certificaron las crónicas periodísticas de la época, como aquella que publicó el diario *La Nueva España* en 1965 en la cual podía leerse: «Hombre huraño, o al menos desdeñoso de las mundanidades, Cristóbal Balenciaga no asiste nunca a los estrenos, ni a las reuniones de gala. Todavía menos suele encontrársele en los restaurantes y *boîtes*».

Su comportamiento le valió el sobrenombre de *el monje de la alta costura*. Otros se referían a él con el título de *el hombre invisible de la alta costura*, e incluso le apodaron como *el fantasma de la moda*. La editora de *Vogue* Bettina Ballard aludió en sus memorias al mito de *the man-who-is-never-seen*, o sea, *el hombre que nunca ha sido visto*, mientras que la revista *Women's Wear Daily* le etiquetó como el equivalente masculino a Greta Garbo, pues es bien sabido que la actriz fue otra adicta al aislamiento social. El hermetismo de Cristóbal era de tal calibre que llegó a calar el rumor de que su persona no era más que una invención, una estrategia para avivar la llama del misterio que impregnaba su firma. Hubo quien se atrevió a sostener que tras la marca Balenciaga no había un solo creador, sino varios diseñadores que trabajaban en equipo. «Es curioso que casi nadie sepa nada de él», escribió Carmel Snow, la legendaria directora de la revista *Harper's Bazaar*, que junto a sus colegas Diana Vreeland y la citada Ballard contribuyó a engrandecer la estela del modista español en Estados Unidos. Emanuel Ungaro, que fue discípulo suyo, declaró en un documental acerca del maestro que «él mismo era un misterio», mientras que su colega Paco Rabanne —cuya madre había trabajado para la casa de San Sebastián— comentó con sorna que «era más fácil acercarse a Dios que a Balenciaga».

Si el creador viviera en la actualidad, probablemente se escandalizaría ante la idea de contar con una de esas ruidosas cuentas de Instagram que pueblan el *fashion system*; no digamos ya de protagonizar su propio *reality*. Recordemos que el guipuzcoano huía de la prensa y de cualquier tipo de exposición pública como de la peste, y que llevaba por bandera esa creencia de que lo que importaba no era su persona, sino su obra. Dicho de otra forma: quería que se hablara de su moda, no de él. Además, no sentía el deseo de trascender; de hecho, aspiraba a que su nombre se evaporara tras su muerte, algo que obviamente nunca ha llegado a cumplirse. Solo concedió dos entrevistas en su vida, cuando ya estaba retirado: a la revista francesa *Paris Match*, en 1968, y al periódico inglés *The Times*, en 1971. Antes, otros quisieron capturarle con más o menos acierto; resultan casi cómicas las fotos al más puro estilo paparazzi que publicó *Women's Wear Daily* en los años sesenta, en las cuales se ve al diseñador, ataviado con abrigo y sombrero, dirigiéndose tranquilamente a su trabajo, ajeno a las cámaras que le perseguían como si se tratara de una estrella de rock.

Y si en lo público era un personaje ausente, en lo privado tenía un círculo de confianza reducido que tampoco daba pie a conocerlo de manera global. Su clienta Sonsoles de Icaza, marquesa de Llanzol, y el diseñador Hubert de Givenchy fueron dos de sus grandes amigos, de los pocos a quienes, al parecer, hacía confidencias. También tuvo, que se sepa, dos compañeros sentimentales: el franco-polaco Wladzio Jaworowski D'Attainville[1] y, tras la muerte de este, el navarro Ramón Esparza. Y aquí viene otra de las grandes nebulosas que rodean a Balenciaga, porque en lo que respecta a su vida íntima se mostraba extremadamente discreto. «Era todo un señor», me cuenta a modo de resumen Sonsoles Díez de Rivera, hija de la marquesa de Llanzol y actual patrona de la Fundación Cristóbal Balenciaga, quien recuerda cómo aún siendo niña acompañaba a su madre y al diseñador a descubrir tesoros en el Rastro de

Madrid, o aquellas escapadas que ella misma hacía, ya de casada, desde su casa de Zarauz hasta San Sebastián para pasar la tarde charlando con su adorado Cristóbal.

Pese al misterio que vela su figura, podemos aproximarnos a él gracias a los testimonios de esos pocos allegados que aún viven, como la propia Sonsoles. También contamos con los estudios que en torno a su trayectoria profesional han realizado expertos de la talla de Miren Arzalluz, Marie-Andrée Jouve, Pamela Golbin, Hamish Bowles o Lesley Ellis Miller; los ensayos de tintes biográficos como el de la periodista Mary Blume; las novelas inspiradas en su persona del estilo a la incluida en la colección francesa Les Petites Histoires de la Mode o las memorias familiares que firma Mariu Emilas (nieta de Juan Emilas e hija de Juan Mari Emilas, ambos sastres de profesión, que trabajaron codo con codo con Balenciaga), amén de catálogos de exposiciones, tesis doctorales, artículos de prensa, reportajes de televisión, documentales…

Este libro no es nada de eso. No se trata de una biografía al uso ni de un ensayo especializado en moda. Y tampoco es una novela, aunque me haya servido de técnicas narrativas. Mi objetivo ha consistido en recrear ocho escenas de la vida del maestro —ocho momentos que marcaron un punto de inflexión, ya fuera a nivel artístico o humano— para entender de un vistazo su evolución profesional y tratar de aprehender su dimensión personal. Para ello me he basado en hechos reales, pero también me he dejado llevar por la imaginación, aprovechando la magia de la escritura para rellenar los huecos de los archivos. Por ejemplo, he situado a Cristóbal en su caserío del Monte Igueldo, su refugio, para pasar el duelo por la muerte de Wladzio, pero ninguna fuente confirma que eso sucediera exactamente así. Lo único que queda claro de ese episodio vital es que a Balenciaga aquella pérdida le dejó devastado, pero ¿qué hacía, decía o pensaba durante esos días oscuros? Quién lo sabe. También es imposible concluir con exactitud lo que hablaron Gabrielle Chanel y Cristóbal Balenciaga cuando supuestamente se encontraron por primera vez en el casino de San Sebastián, de modo que he tenido que pergeñar una conversación imaginada entre ambos a partir de las citas que nos han llegado de uno —escasas— y de la otra —infinitas.

Realidad y ficción se mezclan, pues, en las páginas que siguen, y además he tratado de enriquecer el texto con un análisis periodístico de aspectos tales como los orígenes, la técnica o el legado de este hombre inigualable cuyas enseñanzas siguen vigentes hoy en día. Pero en última instancia corresponde al lector la tarea de forjarse su propia imagen sobre *el mejor diseñador de todos los tiempos*, un título que, este sí, es indiscutible, porque así lo reconocieron tanto Christian Dior como Coco Chanel, que junto al propio Balenciaga conformaron en los años cincuenta la tríada de modistas mejor pagados de aquella época. Dior se refería a él como «el maestro de todos nosotros», mientras que Mademoiselle —quien reconocía sin sonrojarse que ella no sabía ni dónde había que prender los alfileres— afirmaba que su colega español era «el único auténtico *couturier*», ya que, a diferencia de todos los demás, él era capaz de diseñar, cortar, montar y coser una prenda de principio a fin.

Para abordar este libro me he acercado a la figura de Cristóbal Balenciaga con curiosidad y desde el máximo respeto. Navegar por su biografía no solo me ha permitido valorar aún más su exquisito e innovador trabajo, sino que de algún modo también he llegado a sentir afecto por su persona. Creo que, de haber tenido la fortuna de conocerle —o aún mejor: ¡de entrevistarle!—, habría simpatizado con ese hombre al que se le ha adjudicado a lo largo de los años una serie de calificativos que ayudan a construir un retrato poliédrico: solitario, auténtico, emprendedor, religioso, temperamental, educado, íntegro, susceptible, callado, perfeccionista, riguroso, exigente, maniático, detallista, tenaz, generoso, honrado, metódico, ambicioso, tímido, humilde, elegante...

Balenciaga era todo eso, sí. Pero, por encima de todo, era un enigma.

Los buenos diseñadores no viven dentro de la moda. Apenas es su punto de partida. Para ellos resulta un mero vehículo para hablar de lo verdaderamente importante: la filosofía, el arte, la naturaleza, la política. Los buenos diseñadores se fijan en las personas, y con su trabajo cuentan historias honestas acerca del ser humano: lo que necesitamos, lo que queremos ser.

MARTA D. RIEZU,
*Agua y jabón.*
*Apuntes sobre elegancia involuntaria*

# 1

# UN TRAJE PARA LA MARQUESA DE CASA TORRES

## GUETARIA, 1906

*«Creo que puedo».*

Algo ocurre. En esta casa humilde con paredes de mampostería, insertada entre una callejuela estrecha y la inmensidad del mar, flota un ambiente de tristeza y alarma. Hay gente entrando y saliendo, vecinos que hablan en susurros y abrazan a Martina Eizaguirre, la madre, que tiene los ojos enrojecidos. Agustina y Juan Martín, los hermanos adolescentes de Cristóbal, se muestran circunspectos, sentados una al lado del otro en sendas sillas de enea, con los brazos cruzados sobre el regazo y el gesto congelado. Él los observa a todos desde un rincón, sin atreverse a preguntar. Es un niño de apenas once años.

Ese 21 de abril de 1906 quedará grabado para siempre en su memoria. Nadie olvida la fecha en la que pierde a un padre. Al suyo, según le explicarán más tarde, se lo ha llevado un derrame cerebral. José Balenciaga ya nunca podrá salir de nuevo a la mar para dedicarse a la pesca ni para ejercer como patrón de esa embarcación con la que a menudo trasladaba a la reina María Cristina y su corte durante los veraneos de esta en San Sebastián. Atrás quedan también las cuitas para defender los intereses de sus paisanos como alcalde del pueblo.[2] Todo eso es de pronto relegado al capítulo de los recuerdos. José ya no está y al pequeño Cristóbal le va a tocar crecer sin una figura paterna que guíe sus pasos.

Nos encontramos en Guetaria, villa marinera de la costa guipuzcoana. Son tiempos prósperos para la industria pesquera. Los vecinos viven de cara al puerto y cada día pasan por delante de la escultura dedicada a su antepasado más ilustre, Juan Sebastián Elcano, famoso por lograr la hazaña de dar la vuelta al mundo a bordo de la nave Victoria. En la iglesia de San Salvador, ese templo de piedra con los bancos colocados en cuesta ascendente hacia el altar, un monolito recuerda asimismo el coraje de Elcano.

Coraje es lo que tampoco le falta a Martina, que tras la pérdida repentina de su marido no emplea demasiado tiempo en llorar. No puede permitírselo: ahora es una viuda con tres hijos a su cargo —aunque por suerte los dos mayores, que tienen dieciocho y diecisiete años, ya empiezan a contribuir a la economía familiar— y debe tomar las riendas de la situación. Al fin y al cabo, ella es una mujer bregada en los problemas de la vida que, entre otras penalidades, ha tenido que enterrar a dos niñas poco después de alumbrarlas. Por eso, aunque deja que el negro cubra su ropaje tal y como mandan las convenciones sociales, no permite que el luto se instale en su actitud, sino que enseguida vuelve a ajustarse las gafas de cristales redondos y montura gruesa para impartir clases de costura a las chicas del pueblo en el pequeño taller que ha instalado en su domicilio. Le alivia saber que, con el buen tiempo, regresarán las señoras de clase alta que veranean en la zona y que siempre suponen una garantía de ingresos extra, pues suelen encargarle todo tipo de arreglos y pagan con generosidad. Martina suspira y se sienta ante la máquina de coser, el símbolo de su super-vivencia, la herramienta que la hace independiente. Se detiene un segundo para acariciar la cabeza del peque-ño Cristóbal, que está sentado en un taburete a su lado, atento a cada una de sus puntadas, obnubilado por esa ca-pacidad que tiene la *ama* de domar las telas. Cada vez pa-san más tiempo los dos solos y ella, ante el inusitado inte-rés del niño por su labor, le va transmitiendo todo lo que sabe de costura.

Quince meses más tarde, Martina y Cristóbal cami-nan juntos por las calles empedradas de Guetaria, donde se ha atrincherado el verano. Se trata de uno de esos vera-nos cantábricos en los que el ambiente es húmedo y sopla la brisa del mar, lo cual conforma un clima agradable que atrae a los madrileños más pudientes, deseosos de huir del calor sofocante de la capital. Desde que la reina María Cristina tomó la costumbre de instalarse durante el estío en el Palacio de Miramar, en San Sebastián, esa ciudad y los pueblos próximos a ella acogen a lo largo de los meses de julio, agosto y septiembre a miembros destacados de la aristocracia, la cultura y la política. Es lo que se ha dado en llamar el veraneo regio.

—¡Vamos, Cristóbal, apúrate!

Martina tira al niño del brazo, instándole a que acelere el paso. Tiene cita en el Palacio de Aldamar, la residencia de verano de los marqueses de Casa Torres, y no quiere retrasarse. Madre e hijo avanzan dejando el mar a su izquierda. Cristóbal gira la cabeza y sus ojos se inundan del azul cobalto del agua, el verde ceniza de las montañas, el rojo del casco de las embarcaciones. Al fondo se vislumbran las casas de la localidad vecina de Zarauz.

La cuesta que finalmente les conduce al palacio es empinada. En el pueblo se refieren a este edificio como Bista Ona —Buena Vista, en euskera—, porque desde sus ventanas se domina toda la belleza del paisaje. A Cristóbal, que ya ha cumplido los doce años, le impone esa construcción tan próxima a su propia casa en términos espaciales pero tan distante en lo estético: la fachada de ladrillo rojo sobre la que unos cuantos azulejos de color añil forman dibujos geométricos, los balcones de madera tallada, las escaleras de piedra... Cuenta incluso con una cancha de tenis en la parte trasera, todo un lujo y una modernidad, así como con un gran jardín donde los marqueses acostumbran a organizar sus festejos familiares.

Llaman a la puerta, entran. Una persona del servicio acompaña a Martina y a su hijo al piso superior. Y él, que nunca ha visto estancias semejantes, se queda ensimismado ante la colección de armaduras, los libros por doquier y, sobre todo, frente a la majestuosidad de los cuadros que decoran las paredes, obra de algunos de los más importantes pintores españoles. Aunque el pequeño Cristóbal todavía no conozca sus nombres,[3] está dotado con la sensibilidad suficiente para apreciar el valor de esas pinceladas.

—¿Quieres darte prisa? —le susurra, impaciente, su madre.

En una habitación con amplios ventanales les recibe Blanca Carrillo de Albornoz y Elío, VI marquesa de Casa Torres, título que ha heredado de su padre. Navarra de nacimiento, Blanca es una mujer elegante y de trato amable, casada con Cesáreo Aragón Barroeta-Aldamar, con quien comparte el gusto por el arte y la afición a viajar a lo largo y ancho de Europa. Cristóbal la ha observado en varias ocasiones llegando a la iglesia de San Salvador a bordo de su carruaje de dos ruedas, con sus vestidos delicados y sus sombrillas de encaje. Le fascina esa mujer, tan diferente de aquellas otras, más rudas, a las que ve a diario tejiendo las redes de los pescadores en el puerto.

—Pase, Martina. La he mandado llamar porque necesito que le haga un par de vestidos a Blanca. —La aristócrata se fija en Cristóbal, escondido detrás de su madre—. ¿Y este niño tan guapo quién es?

—Marquesa, es mi hijo pequeño, Cristóbal, que me echa una mano con las tareas cuando no está en la escuela. Desde que mi marido murió, ya sabe, cualquier ayuda es poca...

Blanca Carrillo de Albornoz mantiene desde hace años una relación cordial con la costurera, a la que cada vez confía más trabajos, desde sencillos arreglos de su vestuario particular hasta la confección de modelos para las pequeñas de la casa. Saluda al niño con afecto y a continuación da instrucciones precisas acerca de las prendas que requiere para su hija mayor, que se llama igual que ella y tiene unos pocos años más que Cristóbal. Martina se pone las gafas y toma medidas, con los labios apretados, concentrada en su labor. Al acabar, enrolla la cinta métrica y la guarda en su descolorida bolsa de costura. La marquesa envía a los dos niños a jugar afuera mientras ella ultima con su empleada los detalles del encargo. Sobre ambas cae una luz tenue que a ratos se ensombrece por el paso de las nubes.

Un par de semanas más tarde, en la fecha convenida, la viuda de José Balenciaga lo tiene todo listo para ir a entregar sus trabajos al Palacio de Aldamar, pero se siente indispuesta. Apoya la palma de la mano sobre su propia frente y nota que arde.

—Cristóbal, hijo, lleva tú los vestidos de la niña, hazme el favor.

Y así es como el pequeño de los Balenciaga sale de casa, pasa por delante de la iglesia, sube la cuesta dando saltos y llega solo a Bista Ona, en un día de verano preñado de buenos augurios. Allí se reencuentra con Blanca hija, con quien ha hecho buenas migas, que aprovecha la ocasión para enseñarle, divertida, todos los escondrijos del palacio. Corriendo escaleras arriba llegan juntos a la última planta, donde trabajan las planchadoras. Entonces Cristóbal deja de hacer caso a su compañera de juegos, pues lo que le rodea requiere toda su atención. Se fija en las telas suntuosas del guardarropa de los marqueses, en la riqueza de los bordados, en el detalle de los accesorios. No puede resistirse a acariciar todas esas joyas con sus inexpertas manos de niño. Se detiene a leer la etiqueta cosida en una de las prendas: *Worth. 7, Rue de la Paix. Paris.*[4] Son palabras que para él no tienen ningún sentido, pero le dan la pista de que lejos de su casa existen ambientes privilegiados donde abunda la belleza, mundos diferentes al suyo a los que probablemente nunca podrá acceder.

Un rato después se da cuenta de que la pequeña Blanca se ha cansado de esperar a que le haga caso y ha desaparecido del mapa. Cristóbal baja las escaleras solo y pensativo, con las manos metidas en los bolsillos de esos pantalones cortos que dejan a la vista las rodillas infantiles cruzadas de rasguños, aún impactado por el tacto de los tejidos que acaba de descubrir. Ya en el jardín, se topa con la marquesa.

—¡Cristóbal! Me alegro de verte. ¿Cómo estás? Me han dicho que tu madre se encuentra mal. Tienes que ayudarla mucho, hay que arrimar el hombro.

—Sí, marquesa.

—¿Y ya has pensado qué vas a hacer en el futuro? Supongo que te dedicarás a la mar, como tu padre, ¿verdad?

Él frunce el ceño y niega con la cabeza.

—Y dime, pues, ¿en qué te gustaría trabajar de mayor para aliviar la carga de Martina?

El niño deja que pasen unos segundos y responde, con un punto de vergüenza:

—Quiero coser.

Luego respira hondo y añade:

—Me gustaría hacer un traje como el que usted lleva puesto.

Blanca Carrillo de Albornoz le mira sorprendida y luego dirige la vista hacia abajo, examinando su propio atuendo, que ha comprado durante uno de sus viajes a París, ciudad en la que es asidua a establecimientos de renombre como las Galerías Lafayette o los Grandes Almacenes del Louvre. Esa mañana ha elegido un vestido que lleva la firma de Paul Poiret, el gran Paul Poiret, el mismo que ha declarado a la prensa, con una mezcla de orgullo y soberbia, que él no es un simple modista, sino que deben referirse a él como artista. Desconcertada, Blanca pregunta:

—¿Y por qué querrías hacer algo así, coser un traje como este?

Entonces Cristóbal aparca su timidez. Hay un brillo de determinación en sus ojos. Responde con solo tres palabras que son el mejor resumen de un carácter que empieza a forjarse:

—Creo que puedo.

A la marquesa le divierte la respuesta del chico y corresponde a su valentía con una decisión insólita, un reto a la altura del arrojo de Cristóbal. Piensa un momento y dice, apuntándole con el dedo índice:

—Voy a hacer que te envíen a tu casa este vestido y los tejidos necesarios para copiarlo.

Blanca cumple su promesa. Días después, a Cristóbal le tiembla todo el cuerpo cuando examina el lino que la aristócrata ha hecho llegar a la modesta vivienda de la calle Zacayo. Se pasa horas examinando las costuras del vestido que también le ha mandado la marquesa y únicamente cuando el puzle encaja en su cabeza se dispone a utilizar la máquina de coser de su madre, igual que tantas veces le ha visto hacer a ella.[5] Durante los días y las noches siguientes no habrá para él nada más en el mundo que esa tela y esa aguja que la atraviesa.

Unas semanas más tarde, la iglesia de San Salvador, con su ambiente fresco y su olor a incienso, acoge en su interior tanto a veraneantes como a oriundos de Guetaria. La puerta chirría levemente cuando entra la marquesa, que acto seguido se santigua con respeto y se sienta en uno de los bancos delanteros, a la espera de que comience la misa. Cristóbal, que se encuentra en la última fila, siente una punzada en el pecho al comprobar que Blanca Carrillo de Albornoz, la mujer más elegante que ha pisado nunca las calles de ese pueblo, lleva puesto un vestido que él ha confeccionado con sus propias manos, sin ayuda de nadie.[6] Sonríe, baja la cabeza en señal de humildad y reza una oración de agradecimiento, tal y como le ha enseñado a hacer su tío sacerdote.

A la salida de misa, la aristócrata se abre paso entre el bullicio y se acerca a él, con un nerviosismo alegre asomando en su mirada. No puede esperar ni un minuto más a soltar la noticia. Sonríe ampliamente antes de pronunciar unas palabras que alterarán el curso de la vida de quien hoy no es más que un niño de doce años, un niño huérfano de padre que no ha nacido con las mejores cartas.

—Cristóbal, haz las maletas. Ya está todo hablado con tu madre. Te vas a San Sebastián a trabajar como aprendiz en la sastrería Casa Gómez.

# LOS ORÍGENES

A Cristóbal Balenciaga no le gustaban las corridas de toros y, sin embargo, los boleros de terciopelo de seda decorados con pedrería que presentó en su colección de invierno de 1947 estaban claramente inspirados en las chaquetillas de los toreros. Aunque se pasó la mitad de su vida profesional en París, nunca quiso despojarse de la influencia de sus orígenes. Por ejemplo, los colores con los que imprimió algunos de sus diseños —el azul cobalto, el verde ceniza o el rojo a los que me refiero en mi relato— son un reflejo de las tonalidades que le rodeaban durante su infancia en la costa guipuzcoana, mientras que los impermeables que mostró en los años sesenta eran una evidente reminiscencia de las prendas con las que se protegían los pescadores. «En su ropa se nota que es vasco, por los volúmenes y por esa tendencia a enseñar poca piel», analiza la periodista de *El Mundo* Beatriz Miranda, que además de ser una gran entendida en moda ha pasado numerosos veranos en Zarauz. «Esa sobriedad, esa elegancia contenida de

Balenciaga es muy del norte, allí son poco pirotécnicos. Ocurre lo mismo con la cocina vasca, que se basa en una materia prima espectacular. Pues bien, con la materia prima de los tejidos, Balenciaga era capaz de hacer cosas maravillosas», concluye.

En su obra también se pueden apreciar los paralelismos con los trajes regionales de Navarra, Galicia, Extremadura, Baleares o Canarias; con las batas de cola de flamenca; con la indumentaria en la corte de los Austrias... Pero, sobre todo, sus diseños son un espejo de ese arte que contempló por primera vez en el palacio de verano de los marqueses de Casa Torres (según la historiadora Miren Arzalluz, el marqués formaba parte del Patronato del Museo del Prado y era miembro de la Real Academia de Bellas Artes de San Fernando, lo cual explica su interés por coleccionar pintura de primer nivel) y que más tarde admiró durante sus visitas al Prado. Así, todos los expertos coinciden al anotar que en las siluetas del modista se adivinan los volúmenes de Zurbarán, la paleta cromática de El Greco, los encajes y muselinas de los retratos de Goya, el detallismo de las faldas y corpiños de Velázquez, el tratamiento del negro de El Greco o Pantoja de la Cruz... También le inspiró su amigo Zuloaga. O más bien habría que apuntar que se inspiraron mutuamente, pues el pintor llegó a retratar a su hija Lucía vestida de Balenciaga.

De fondo, pues, siempre estaba la tierra que le vio nacer. ¿Nostalgia? Yo diría que sí. Ese matiz no se les escapaba ni a los periodistas procedentes de los lejanos Estados Unidos: «Hay un sabor a España en toda su colección», publicaba la revista *Harper's Bazaar* en 1938. Diana Vreeland, quien fuera directora de *Vogue* en los años sesenta, señaló que Balenciaga había transmitido «el estilo de España a las vidas de todas aquellas que llevaron sus diseños». Y la mecenas Hélène David-Weill escribió, en el prólogo del catálogo de una exposición celebrada en 2006 en París, lo siguiente: «Cristóbal Balenciaga estaba destinado a ser excepcional. Ser vasco significa ser diferente, querer escalar montañas, cruzar océanos. Ser vasco significa tener la opción de ser al mismo tiempo español y francés, pero más que nada significa tener el deseo de ser uno mismo».

La archimillonaria Pauline de Rothschild, una de las mejores clientas del guipuzcoano («tuve el privilegio de vestirme en Balenciaga durante veintitrés años», decía con orgullo), redactó en 1973 una semblanza del modista en la que, al igual que David-Weill, mitificaba sus orígenes. Lean: «Un día de febrero, hicimos una peregrinación de cariño y admiración a Guetaria. Era un día de invierno atlántico, con repentinas ráfagas de sol, luego nubes rápidas. Las casas de la calle principal relucían como si estuvieran cubiertas por una armadura metálica dorada». De las casas, la baronesa de Rothschild salta a los barcos, los viñedos… «Y mientras miras, ves las muestras de una colección de Balenciaga: azules lavados por la lluvia, grises con un tinte verdoso; el clima, en algunos sitios, ha virado la madera de color marrón oscuro a un café pálido. No hay colores mediterráneos, no hay tierra roja, no hay mar de zafiro». Su veredicto fue que en Guetaria estaban «las razones de Cristóbal Balenciaga».

A la vista está que Pauline y Hélène, desde sus respectivas posiciones de privilegio, lo encontraban todo muy poético, pero el experto en moda Hamish Bowles no olvida que, mientras que muchos de los colegas de Cristóbal —como Pierre Balmain o Christian Dior— habían disfrutado de una infancia acomodada, él venía de un entorno con limitaciones económicas que le obligó a dejar los estudios a una edad temprana. «Aunque la mayoría de los hombres de Guetaria cultivaban la tierra o se dedicaban al mar para sobrevivir, el monaguillo Balenciaga se planteaba la iglesia como carrera», asegura Bowles en el libro *Balenciaga and Spain*. Si alguna vez barajó ese plan de convertirse en cura, siguiendo los pasos de su tío Julián Balenciaga, supongo que la idea se disipó al cruzarse la moda en su camino: «A los seis años, presumiblemente inspirado por el ejemplo de su madre, confeccionó su primer abrigo, para su gato», continúa el autor inglés, quien añade que aquel niño se frustró mucho al ver que el animal no dejaba de moverse y le impedía trabajar a gusto...

Calculo que, si no hubiera sido por el mecenazgo de la marquesa de Casa Torres, la afición del pequeño Cristóbal por la aguja y el hilo no habría pasado de esa anécdota del gato. Pero ella, con buen tino, le envió a Casa Gómez, desde donde saltó a otra sastrería, New England, y, de ahí, a la sucursal donostiarra de los Grandes Almacenes del Louvre, establecimiento de relumbrón en el que le nombraron jefe del taller de confecciones de señora cuando apenas tenía dieciséis años. Y ese era solo el principio de todo lo que estaba por venir...

# INSPIRACIÓN CASTIZA

## TORERA

A una persona tan atenta a la belleza como Cristóbal Balenciaga no se le podía pasar por alto la estética de las corridas de toros. Porque, ideologías taurinas o antitaurinas aparte, nadie puede negar la fuerza visual de los trajes de luces. Él reconvirtió los atuendos de los matadores en unas chaquetillas cuajadas de detalles de pasamanería para que las lucieran las señoras de clase alta en sus citas sociales. Es fácil imaginar el impacto que causaron estas toreras (o boleros) cuando las mostró por primera vez… La de la foto, de terciopelo azul, está datada en 1947.

# 2
# EL ENCUENTRO CON COCO CHANEL

*«Dame un cuerpo imperfecto y lo haré perfecto».*

El mundo lleva tres años sumido en un sangriento conflicto bélico, pero entre la burguesía y la aristocracia de San Sebastián nadie parece querer darse cuenta de ello: las tertulias de los cafés y las carreras del hipódromo están rebosantes de vida. Ese ambiente de *carpe diem* auspiciado por la neutralidad de España ante la Primera Guerra Mundial es el que se encuentra Cristóbal Balenciaga a su regreso a la ciudad, tras haber pasado un tiempo trabajando en una sastrería de Burdeos. Este chico de veintidós años tiene poco que ver con el niño que acompañaba a su madre a hacer recados por las calles de Guetaria; ahora entiende el idioma francés y también entiende las tripas de la alta costura. De sus viajes a París se ha traído algunos modelos de los diseñadores a los que admira para deshacerlos de arriba abajo y así poder analizarlos en detalle, igual que el entomólogo disecciona los insectos bajo su lupa. Hay una modista que le tiene especialmente obsesionado: se llama Gabrielle Chanel, se la conoce con el apodo de Coco y dicen que, gracias a ella, las mujeres de la *côte basque* se dejan ver por los paseos marítimos libres de corsé e insólitamente ataviadas con chaquetas de punto y blusas de marinero.

Estamos en la puerta del Gran Casino de San Sebastián, justo en la fachada que da a los jardines de Alderdi Eder —y, tras ellos, a la bahía de la Concha—, durante una plácida noche de finales de septiembre en la que el verano se resiste a abandonar la ciudad. El joven Cristóbal lleva el pelo repeinado hacia atrás y viste blazer, zapatos bicolor y un elegante sombrero.[7] Es un hombre de 1,80 metros de estatura, atractivo y prometedor, que acaba de abrir su primera casa de costura en la ciudad, en el número 2 de la calle Vergara, bajo la sencilla denominación C. Balenciaga.[8] Su hermana Agustina le ha ayudado a buscar empleados y, ante cada uno de ellos, él se ha mostrado firme, confiado en su propio talento.

—Dame un cuerpo imperfecto y lo haré perfecto —les repite como un mantra.

Y suele añadir, con determinación:

—Una mujer no tiene la necesidad de ser bella para llevar mis vestidos: el vestido lo hará por ella.

¿Pero qué ha venido a hacer al casino a estas horas, siendo él tan serio y responsable, tan comprometido con su trabajo? Pues resulta que a sus oídos ha llegado el rumor de que Chanel, que lleva varias semanas presentando su última colección en el lujoso Hotel María Cristina, acude cada noche al establecimiento de juego para probar suerte al bacarrá acompañada por su inseparable hermana pequeña, Antoinette. Y Cristóbal, para qué negarlo, se muere de ganas de conocer a esa mujer que hoy tiene treinta y cuatro años y que empezó en el oficio a los veintisiete confeccionando sombreros gracias —según cuentan las malas lenguas— al apoyo financiero de su amante, un caballero inglés jugador de polo que responde al nombre de Boy Capel. «Pensaba que te daba un juguete y te he dado la libertad», dicen que le dijo Boy a Coco al asistir al despegue del atelier parisino de la rue Cambon, al que han seguido las aperturas de las tiendas de Deauville y Biarritz, donde Gabrielle vende ahora vestidos a tres mil francos. Dicen, también, que entre todos sus locales esta costurera audaz tiene hoy contratadas a casi trescientas trabajadoras. ¡Una mujer, empresaria de éxito!

Sí, Cristóbal se muere de ganas de conocer a Mademoiselle, la *couturière* que ha plantado cara a la rigidez de las siluetas de los grandes nombres de la alta costura parisina: Worth, Paquin, Doucet... De modo que entra en el casino con paso decidido, cruzando por delante de la orquesta que toca en la terraza como si el mundo fuera un lugar libre de desgracia. Deja atrás el café y los billares, y sube la majestuosa escalera de mármol blanco, alumbrada por una ristra de farolas de bronce. En el piso superior se localizan los salones de juego, que están vetados a los donostiarras y son territorio exclusivo de los foráneos, pero Balenciaga, acostumbrado ya a no rendirse fácilmente, ha recurrido a la intercesión de un amigo jesuita bien conectado para que el director del casino le permita acceder.[9] El religioso le ha hecho ese favor no sin antes advertirle de que tenga cuidado con Coco Chanel, cuyos hábitos —le susurra al oído— parecen alentados por el mismo demonio...

El caso es que Cristóbal logra pasar sin problema a los salones de juego. Deambula entre las risotadas de un grupo de jugadores extranjeros que celebran un golpe de buena suerte. Y entonces la ve. Allí, a lo lejos, con las cartas en una mano y el cigarrillo en la otra, una mujer diferente a todas. Para empezar, su peinado es escandaloso: lleva el pelo oscuro cortado al estilo *garçonne*, igual que la irreverente escritora Colette. Su piel está bronceada, como si quisiera imitar a las campesinas más humildes en vez de a esas aristócratas tan preocupadas por preservar la blancura de su tez. Por si eso fuera poco, el largo de su vestido deja los tobillos al aire, y su cintura apenas se adivina bajo la tela holgada. Sobre su pecho reposan varias vueltas de un larguísimo collar de perlas mezclado con algunas piezas que parecen de bisutería. Ella viste como le da la gana porque no teme a nada ni a nadie, está habituada a codearse con los personajes más rompedores de la esfera cultural parisina; hace solo unos meses que ha entablado amistad con Pablo Picasso, su *alter ego* en el mundo de la pintura a decir del poeta Jean Cocteau.

¿Se atreverá Cristóbal a hablar con ella? ¿Se atreverá a iniciar una conversación con la temible Mademoiselle?

¿Y por qué no? ¿Acaso no es él también, a pesar de su juventud, un modista que empieza a cosechar éxitos al alcance de muy pocos, acaso no ha sido llamado al Palacio de Miramar para probarle una de sus creaciones a la mismísima reina María Cristina? ¿Por qué habría de amilanarse?

En esas está cuando Coco se levanta. La diseñadora cruza el salón dando zancadas, justo en la dirección en la que Cristóbal permanece parado, con su sombrero entre las manos. Igual que un día tuvo el arrojo de pedirle a la marquesa de Casa Torres que le dejara copiar su vestido comprado en París, hoy reúne el valor suficiente para interpelar a Gabrielle, la más revolucionaria entre los nuevos nombres de la costura y también —según le han contado— una de las más malhumoradas. Le habla en su torpe pero apto francés.

—¿Mademoiselle Chanel?

Ella se detiene y le mira de frente, dirigiendo hacia él su nariz recta y su barbilla altiva. Sus ojos son negros y chispeantes, y tiene los pómulos marcados. Es guapa sin estridencias, pero sobre todo es carismática.

—Sí, soy yo, ¿qué desea?

—Me llamo Cristóbal Balenciaga, permítame que le exprese la admiración que siento por su moda.

Gabrielle le corrige, enarcando las cejas con fastidio:

—Ah, no, no, monsieur. Los demás siguen una moda, yo creo un estilo. La moda está diseñada para que la maten. Por Dios, ¡si la moda es la única cosa que envejece más rápido que las mujeres! Mis creaciones, sin embargo, permanecerán cuando yo ya no esté aquí, no tenga ninguna duda de ello.

Él sonríe con timidez y asiente ante la perorata de su interlocutora. Carraspea.

—Verá, acabo de abrir mi propia casa en San Sebastián. Tengo previsto presentar mi primera colección el año que viene y...

Chanel no le deja terminar la frase.

—Pues le deseo suerte y, sobre todo, ambición. Fíjese: ambición es una palabra que no temo emplear y usted tampoco debería huir de ella.

Cristóbal trata de retomar su discurso. Quiere impresionarla.

—Lo cierto es que me gustaría cambiar la visión de las cosas, igual que ha hecho usted al eliminar... digamos las tonterías de la ropa de la mujer. Si me permite que le confiese un secreto, no hay nada que me moleste más que lo cursi.[10]

Ahora Chanel relaja el gesto, dispuesta a bromear.

—Le comprendo. Una mujer elegante tiene que poder ir a la compra sin dar risa a las amas de casa. Ya se sabe que el que ríe siempre tiene razón, ¿no es así?

A continuación se pone seria de nuevo, hace una pausa un tanto melodramática, mira a lo lejos —como si tuviera a un gran auditorio pendiente de sus palabras— y vuelve a hablar:

—Verdaderamente pienso que un vestido que no resulta cómodo es un fracaso. Un vestido no es un vendaje. Está hecho para ser llevado. Se lleva con los hombros. Un vestido tiene que colgarse de los hombros, eso es.[11] —Le da un toquecito en el brazo, como para dar la conversación por finalizada—. Espero que volvamos a vernos, monsieur.

Gabrielle continúa su camino y Cristóbal la sigue con la mirada, detectando un detalle en el que no había caído antes: su vestido tiene bolsillos. La modista, que es más bien pequeña de estatura, mete las manos en ellos con indiferencia, en un gesto muy masculino. Allá va una mujer imparable escapando de su sino de niña pobre abandonada en un convento. Y quien la mira también está en proceso de burlar lo que el destino había deparado para él, pues definitivamente ya nunca patroneará un barco como su padre ni tampoco abrazará el sacerdocio como su tío, pero en cambio está casi listo para entrar en el olimpo de los dioses de la moda.

# LA GENIALIDAD

Gabrielle Chanel quería pasar a la historia; Cristóbal Balenciaga, que su nombre muriera con él. Gabrielle Chanel dijo que quería ser copiada; Cristóbal Balenciaga hizo todo lo posible —incluso prohibir en 1956 a la prensa que asistiera al pase de sus colecciones— para evitar que le copiasen. Gabrielle Chanel se inventó su biografía; Cristóbal Balenciaga nunca ocultó sus orígenes. Y mientras que él no se metía en conflictos, a ella le encantaban las disputas, como aquella vez en la que el colorista diseñador Paul Poiret le preguntó en tono jocoso, al verla enteramente vestida de negro, si iba a algún funeral, y ella le respondió con malicia: «Sí, al suyo».

Las diferencias entre Gabrielle y Cristóbal son notables, pero también podemos encontrar algunas similitudes, como su obsesión por la perfección de las mangas o por la comodidad de las prendas. Pero si algo les unía a ambos por encima de todo, eso era la genialidad. Así lo resumió en sus memorias la editora Diana Vreeland: «Una mujer vestida de Chanel allá por los años veinte y treinta —al igual que una mujer vestida de Balenciaga en los años cincuenta y sesenta— tenía solemnidad, autoridad, algo que iba más allá de la cuestión del gusto». Ese talento desbocado que compartían explica que se hicieran amigos a pesar de todo lo que los separaba. De vez en cuando se los podía ver cenando juntos en el Allard de París y Coco llegó a hacerle a él varios regalos muy personales, como un retrato de sí misma o un pato de bronce que Cristóbal colocó amorosamente sobre su escritorio.

La periodista especializada en moda Lola Gavarrón, que ha estudiado la trayectoria de ambos, me recibe en su casa de Madrid, atestada de libros y recuerdos familiares. Sobre una mesita baja ha colocado todas sus posesiones bibliográficas acerca del guetariano para que yo pueda consultarlas; como es una persona cuidadosa, guarda hasta las notas de prensa de exposiciones acontecidas hace años. Lola opina que Chanel y Balenciaga debieron de experimentar, siendo muy jóvenes, una especie de revelación que los empujó a dedicarse a la moda. «Creo que se sintieron poderosamente llamados a ese oficio. Los dos pertenecían a una clase social inesperada para entrar en ese mundo, porque para acceder a él hacía falta tener cierto pedigrí. La diferencia es que Balenciaga se consagró totalmente a su trabajo (si veía que una sola puntada no tenía sentido en un vestido complejísimo ya terminado, era capaz de deshacerlo por completo), mientras que Chanel era más *easy going*». Lola recuerda aquella ocasión en la que ella misma tuvo la oportunidad de entrevistar a Yves Saint Laurent en persona y este le confesó que el mejor piropo que podía recibir era que le considerasen el heredero de Balenciaga y de Chanel. «Cristóbal, de manera muy viril, y ella, de forma muy femenina, marcaron los extremos de la excelencia de la moda del siglo xx», continúa la periodista. Y añade que «entre ambos sin duda existía una admiración mutua y un gran respeto».

Sin embargo, hubo un momento en que su relación se rompió y el pato de bronce desapareció del escritorio de Cristóbal para *volar* de regreso a manos de Chanel... ¿Qué pasó? ¿Qué fue lo que causó su distanciamiento? No está del todo claro. La periodista Mary Blume recoge en su libro unas declaraciones de Hubert de Givenchy en las que este alude a una entrevista que supuestamente le hicieron a Coco Chanel durante la cual la francesa dijo que el maestro vasco no tenía ni idea sobre el cuerpo de las mujeres, entre otras lindezas. Por su parte, la que fuera jefa de los archivos de Balenciaga, Marie-Andrée Jouve, sostiene junto a la periodista Jacqueline Demornex que no hubo entrevista alguna, sino una conversación tensa entre ambos durante la cual Chanel criticó la vida privada de su colega y además pronunció una frase que despertó la ira de Cristóbal: «Se ve claramente que no le gustan las mujeres, con esa manía que tiene de dejar a la vista sus cuellos arrugados». (Oh, cielos).

Que Gabrielle hiciera un comentario tan pérfido resulta bastante creíble, a juzgar por la definición que hizo de ella su (a pesar de todo) amiga Diana Vreeland: «A veces era un ser imposible. Tenía una lengua muy afilada. Parece ser que una vez dijo que yo era la mujer más pretenciosa que había conocido en toda su vida. Pero esa era Coco, hablaba mucho [...] Coco nunca fue una mujer agradable». La propia Gabrielle se jactaba de su carácter imposible: «Sé que soy inaguantable», reconocía sin ambages. Y también: «Soy irritable e irritante». Por no hablar de su afición al cotilleo: «Me encanta criticar. El día que no pueda seguir criticando, la vida se habrá acabado para mí».

Los dioses la premiaron con una larga vida para criticar, pues falleció el 10 de enero de 1971, a los ochenta y siete años de edad. Murió en el Ritz, en su habitación de la sexta planta decorada con biombos de coromandel, y trabajó hasta el último día de su existencia. Aunque ya no se hablaba con Balenciaga, él no faltó al funeral que se celebró en la iglesia de la Madeleine, cerca de la rue Cambon donde la modista siempre mantuvo su centro de operaciones. Existen documentos gráficos de la época en los que se ve a Cristóbal abandonar el templo con gesto serio junto a otras grandes figuras del mundo de la moda, como Saint Laurent, Balmain, Courrèges... Tal vez quiso dejar atrás los desaires y rendir un último tributo a esa mujer —tan genial como él mismo— con la que un día se cruzó en el Gran Casino de San Sebastián.

# CON SELLO PROPIO

## ETIQUETA DE EISA

Durante sus primeros pasos profesionales en San Sebastián, el joven Cristóbal Balenciaga ya soñaba con que su marca fuera objeto de culto. Él, como tantos otros modistas, dejaba su rúbrica en las etiquetas de las prendas que confeccionaba. Pero en su caso no existe una única etiqueta que nos ayude a rastrear su obra: EISA, EISA.B.E. o BALENCIAGA fueron algunas de las distintas denominaciones que grabó en ese pedazo de tela. La de la imagen, además de incluir la marca, añade la dirección de una de las sedes que ocupó la casa en la capital guipuzcoana.

# 3
# LA *MAISON* DE LA AVENUE GEORGE V

PARÍS, 1937

*«Un modisto debe ser arquitecto de la forma, pintor para el color, músico para la armonía y filósofo para la medida».*

Aún resuenan en los oídos de Cristóbal los bombardeos sobre San Sebastián. La guerra que se libra ahora le resulta aún más dolorosa que aquella otra que asolaba el mundo cuando llegó a Donostia procedente de Burdeos, pues se trata de una guerra civil que enfrenta a los españoles entre sí. Por eso decidió, hace ahora un año, abandonar la ciudad. Él sabe que tomó la decisión correcta, que ante el cariz que estaban tomando los acontecimientos no le quedaba otra alternativa que hacer las maletas y poner rumbo a París. Porque a Balenciaga no le interesa la política, lo único que le mueve es la moda y en este nuevo destino la moda importa, mientras que en su país, condenado a romperse en dos bandos irreconciliables, ya no tiene sentido dedicar ni un solo segundo a tales menesteres.

Por suerte, no está solo en su huida. Con él ha venido Wladzio. Viven juntos en un precioso piso alquilado de la avenue Marceau.

Su nombre completo es Wladzio Jaworowski D'Attainville, es hijo de un emigrante polaco y una distinguida parisina. Fue ella, Marie Hélène, la extremadamente bien relacionada madre de Wladzio, quien al percibir las dotes creativas de su hijo le envió a trabajar al taller donostiarra de Balenciaga. Este último aún recuerda el día que D'Attainville llegó a San Sebastián, alegre y hablador, guapo y seguro de sí mismo, expansivo y cultivado, haciendo gala de esa sensibilidad hacia la belleza que se perfila como uno de los rasgos más distintivos de su carácter. Ahora Cristóbal ya no entiende la vida sin él, pues se ha convertido en su fiel colaborador, en el artífice de los sombreros que coronan sus creaciones para restarles seriedad y en el ideólogo de la decoración de sus casas de costura; Wladzio es, en fin, su principal empuje profesional y también su mayor apoyo personal. Le ha transmitido sus modales exquisitos y hasta le ha convencido —¡a él, que es tan reservado!— para dejarse fotografiar por Boris Lipnitzki, el retratista oficial de Chanel, Poiret o Schiaparelli, de todos los nombres prestigiosos de la *haute couture*.

Al fin y al cabo, ¿no es esa su aspiración? Sí, ha venido a París para ser él también un grande, para afianzar su nombre en el escenario internacional de la moda. Ya lleva mucho camino recorrido, pues es hoy un hombre de cuarenta y dos años hecho a sí mismo, con una buena clientela ganada a pulso en sus tiendas de San Sebastián, Madrid y Barcelona, y además armado con una idea nítida acerca de las cualidades que han de reunirse en su oficio.

—Un modisto debe ser arquitecto de la forma, pintor para el color, músico para la armonía y filósofo para la medida —le gusta defender.

Quién le iba a decir a él, al hijo del pescador y la costurera, que hoy se encontraría aquí, en el epicentro de todo. Mira, no sin cierto vértigo, el papel que tiene entre las manos. Es la nota registral de la casa Balenciaga de París, que se acaba de constituir con un capital de 100.000 francos. A Cristóbal solo le corresponde el 5 % de las acciones; Wladzio tiene el 20 %. El 75 % restante está en poder del ingeniero Nicolás Bizcarrondo, su vecino de San Sebastián y actualmente exiliado en Francia igual que él, el hombre de convicciones republicanas con quien compartió refugio durante los bombardeos de la guerra civil y que ha sabido valorar las competencias del modista gracias al buen ojo de su mujer, Virgilia Mendizábal. No se puede negar que Nicolás, Wladzio y Cristóbal conforman un buen triángulo: el primero pone el dinero, el segundo los contactos y el tercero aporta el talento. Se trata, a todas luces, de una fórmula ganadora.

Este Balenciaga maduro —la piel pálida, el pelo oscuro y ondulado peinado con esmero, la pulcritud hecha persona— se pasea, un domingo cualquiera del mes de julio de 1937, por su nueva casa de costura, situada en el número 10 de la elegante avenue George V, cerca de la embajada de España, en un edificio de fachada neoclásica con balcones de hierro proyectado en 1887. Su *maison* ocupa los 500 metros cuadrados de la tercera planta; es un espacio con molduras blancas, cortinas gruesas, moqueta clara y columnas sobre las que se apoyan unos originales jarrones reconvertidos en lámparas. Se trata de un salón de decoración contenida que se ha concebido a tono con su propia estética, ya que a él le gusta vestirse con ropa poco estridente pero de calidad: cuando no está trabajando, sus básicos son las camisas blancas de lino, los pañuelos anudados al cuello, los pantalones de textura agradable...[12]

Cristóbal se acerca a un modelo que las oficialas han dejado listo para su supervisión. Frunce el ceño y aprieta esa boca en la que el labio superior es considerablemente más fino que el inferior. Examina la prenda con detenimiento y enseguida detecta un fallo ínfimo en las mangas que unos ojos menos entrenados que los suyos jamás podrían percibir. Su cara, que no ha perdido ni un ápice de atractivo con el paso de los años, refleja un gesto de disgusto. Se sienta en su silla de madera recia y contempla el reloj de puntas doradas, como si fuera un sol, que está colgado de la pared. Son las siete de la tarde, piensa, todavía queda toda la noche por delante. Con un movimiento decidido, diríamos que hasta dramático, rasga las costuras, deshace la prenda sin piedad y empieza a coserla de nuevo. Sus manos se mueven con rapidez, igual que hacían las manos de Martina, esa madre que hace unos meses no dudó en animarle a emigrar a Londres o a París, adonde fuera que pudiera seguir desarrollando su técnica. A veces le parece escuchar de nuevo su voz:

—Sigue tu instinto, hijo mío.

Al día siguiente, lunes, Cristóbal vuelve a presentarse en la *maison* a las nueve de la mañana, siguiendo su costumbre. «Ha llegado monsieur», anuncia con la voz engolada Gérard, su secretario personal, como si estuviera proclamando la entrada de un rey o un emperador. Es día de pruebas. Aquí están Danielle y Colette, dos de sus modelos predilectas, que cumplen largas jornadas laborales por un sueldo mensual de 1.500 francos al mes. No las ha elegido por su belleza —ninguna de ellas es excesivamente guapa— sino por su fotogenia, su clase y su estilo. A Cristóbal no le interesan las mujeres pluscuamperfectas por las que suspiran otros diseñadores; en su filosofía, el vestido es el que debe estar al servicio de la mujer, no al revés. «A monsieur le gustan con un poco de barriga», murmuran las vendedoras cuando él no puede oírlas.[13] Las modelos le tienen un gran respeto, pero también sienten aprecio hacia su persona: si las pruebas se alargan hasta horas intempestivas, él siempre se asegura de que un taxi las devuelva a casa sanas y salvas. Mientras el jefe va haciendo cambios, con la boca llena de alfileres, a su alrededor se hace el silencio. Nadie habla, ni mucho menos sonríe; no se escucha ni el vuelo de una mosca. Más que en una casa de moda, cualquiera diría que nos encontramos en un convento de clausura...

Un mes más tarde, en pleno agosto, la *maison* se prepara para afrontar su día más importante, pues Cristóbal Balenciaga va a presentar su primera colección de alta costura en París. La expectación flota en el aire. Hace ya siete años que Paul Poiret, entonces de retirada, declaró que la moda necesitaba un nuevo patrón, ¿será Balenciaga el elegido para capitanear ese buque? Entre el selecto público convocado a la sede de George V se encuentra la periodista Bettina Ballard, que trabaja en la oficina de *Vogue* en los Campos Elíseos, desde la cual envía las crónicas que después se publicarán al otro lado del Atlántico. Comienza el desfile y Bettina se fija en los vestidos de manga larga y corpiño ajustado, que le recuerdan a las protagonistas de *Mujercitas*, la novela de Louisa May Alcott. Siente afecto por Cristóbal, al que conoce personalmente desde hace poco pero a quien ya considera un amigo, y se alegra al comprobar que empieza con buen pie en la ciudad de la luz.[14] Aplaude con ganas al paso de las modelos.

Los titulares de las publicaciones especializadas no se hacen esperar. «Balenciaga proyecta una nueva calidad en la costura», sentencia *Harper's Bazaar*. «Una colección llena de gusto y distinción», celebra *L'Officiel*. «El joven costurero español ha producido una notable primera colección», alaba *Women's Wear Daily*.

La revolución tranquila de Cristóbal ha comenzado.

Al año siguiente, 1938, casi noventa reporteros se agolparán a las puertas de su cuartel general de la avenue George V para asistir a la exhibición de sus creaciones.[15] Ya nada volverá a ser igual en el mundo de la moda: ha llegado *l'espagnol* dispuesto a cambiar las reglas del juego.

# LA TÉCNICA

Balenciaga observaba la prenda desde fuera pero la construía desde dentro, de manera que lo más interesante de su trabajo está, precisamente, en lo que el ojo no ve. Para lograr la perfección a la que siempre aspiró no escatimaba en trucos, como si se tratara de un prestidigitador sacando un conejo de la chistera. Bajo sus faldas Globo, por ejemplo, había una enagua y una capa de seda que ayudaban a crear volumen. En algunas chaquetas escondía un plomo en la parte trasera, para asegurarse una buena caída. En otras insertaba almohadillas en la zona de las caderas. Y, como ya he señalado anteriormente, tenía una auténtica obsesión por que las mangas fueran impecables, hasta el punto de que no le importaba arrancarlas de cuajo en un diseño ya terminado si percibía en ellas el más mínimo error. «Creía que una manga debía adherirse al cuerpo, ser su extensión natural y caer sin el menor defecto. Que debía ser lo suficientemente flexible para permitir el movimiento, pero sin arrastrar al resto de la silueta. El brazo tenía que poder deslizarse naturalmente. Esto es al mismo tiempo una búsqueda estética y un desafío técnico», resume la conservadora Pamela Golbin,[16] quien añade que el maestro «dedicó toda su vida a encontrar soluciones técnicas a la alta costura, que llevó al más alto nivel a través de la simplificación de un corte que se volvió legendario».

Una de sus aportaciones más celebradas consistió en dejar espacio entre el tejido y el cuerpo de la mujer, para que esta no se sintiera aprisionada. «Cualquier clienta de Balenciaga te dirá que ella no llevaba el vestido, sino que el vestido la llevaba a ella. Sus prendas tenían una estructura complicada por dentro, pero respondían al fin primordial de su constante trabajo, que era la comodidad, y creo que la fidelidad que le demostraron sus clientas a lo largo de su vida atestigua que cumplió con creces su objetivo: belleza sin renunciar a una exquisita comodidad», me explica Eloy Martínez de la Pera, comisario de exposiciones de moda y patrono de la Fundación Balenciaga —y una persona a la que siempre me encanta escuchar—, mientras nos tomamos un café sentados ante una mesa de mármol de la cafetería madrileña La Duquesita. En la tesis doctoral que la investigadora Ana Balda ha dedicado al maestro se explica esto mismo de una manera muy poética: «Sus vestidos estaban concebidos como la habitación del cuerpo. De la misma forma que una casa tiene que ser confortable para las personas que la van a habitar, Balenciaga trabajaba con los patrones para que fueran cómodos y se adaptaran a la vida de sus clientas». Por eso decía Diana Vreeland, en una de sus citas más célebres, que cuando una mujer vestida de Balenciaga entraba en una estancia todas las demás dejaban de existir.

Contacto con el diseñador francés Stéphane Rolland, muy conocido hoy en día en los medios especializados por mostrar maravillosas obras de alta costura sobre el cuerpo de su musa, la modelo española Nieves Álvarez. Rolland me confiesa que el trabajo del vasco ha supuesto para él una especie de brújula que siempre le devuelve el norte. «Al principio de mi carrera tuve la oportunidad de conocer a Marie-Andrée Jouve, quien me dio acceso a todos los archivos de Cristóbal Balenciaga, escondidos en el sótano de una mansión privada. Para mí, fue una auténtica revelación», me cuenta. Le pregunto si actualmente él utiliza alguna de sus técnicas y me responde, medio en broma, sacando a relucir un pequeño truco: «Uso organza enrollada en los dobladillos para evitar que se rompan». A continuación, añade: «Hablando más en serio, es su filosofía la que me resuena y guía mis pasos. En momentos de duda, me sumerjo en su historia y, extrañamente, me ayuda a encontrarme a mí mismo».

Tras anotar las reflexiones de Stéphane Rolland, busco a un diseñador español de éxito que también pueda hablarme de la influencia del genio de Guetaria, y así es como consigo una cita en el taller madrileño de nuestro modista más mediático: Lorenzo Caprile. Al principio se muestra reticente a hablar sobre Balenciaga, pues opina que los periodistas le dedicamos demasiada atención mientras que otros de sus coetáneos, como Pedro Rodríguez o Flora Villarreal, han caído injustamente en el olvido. Pero poco a poco vamos rompiendo el hielo, Caprile enciende un cigarrillo tras otro y, al final, nuestra charla acaba prolongándose durante un par de horas, encerrados los dos solos, frente a frente, en un despacho diminuto en el que hay una nevera llena de botellas de agua y un corcho donde leo una famosa cita atribuida a Picasso: *Los malos artistas copian. Los buenos artistas roban.*

«Balenciaga se obsesionó con la técnica. Creo que su mayor aportación fue esa visión arquitectónica que tenía de la moda. Fue un maestro de los volúmenes —me cuenta Caprile—. Tenía un dominio prodigioso del corte. Y dejaba hablar a los tejidos, que es algo que yo intento explicar hoy en día en las escuelas de diseño: igual que no puedes hacer una pizza con angulas, porque no pega nada, una pieza de satén tiene su propio lenguaje y hay que respetarlo. No puedes forzar una tela, tienes que dejar que sea el material el que vaya creando el traje». De todos modos, Lorenzo insiste en que Balenciaga no fue el inventor de la moda, sino que él también bebió de otros que le precedieron: «Aprendió viajando a París y comprando las glasillas de los grandes creadores de la época, como Madame Vionnet, que fue la gran revolucionaria del corte en el siglo XX. Se curtió reproduciendo y adaptando a su clientela esos patrones que adquiría en Francia».

Le pido a mi interlocutor que me indique cuál fue, en su opinión, la etapa más importante de Balenciaga desde el punto de vista creativo. «Todas lo fueron —responde—. A mí, personalmente, me encanta la primera, la más historicista, tan inspirada en las tradiciones españolas, con sus bordados en azabache, sus combinaciones de marrón y negro, su amor por el encaje... La verdad es que su estilo evolucionó de manera muy lenta, muy lineal. Hay colecciones en las que prácticamente encontramos la misma idea declinada mil veces».

Caprile cogió la aguja por primera vez de niño, más o menos a la misma edad que el guipuzcoano. En su caso se estrenó con un estuche para guardar lápices, confeccionado con tela vaquera. «Me costó Dios y ayuda ponerle la cremallera», recuerda riendo. Me despido de él mientras suenan los teléfonos y su equipo va transmitiéndole los recados: una *influencer* quiere encargarle un traje de noche para un evento, una novia le llama para consultarle algunos detalles de su vestido, alguien le felicita por el premio que acaba de otorgarle la Academia de las Artes Escénicas, desde Televisión Española preguntan a qué hora llegará al plató para participar en uno de sus programas de mayor audiencia... Qué diferente ese frenesí del ambiente monacal que, según cuentan las crónicas de la época, caracterizaba al atelier de Cristóbal. «Hoy ya no es posible mantener el misterio, el único que lo ha conseguido es Martin Margiela. Balenciaga fue un privilegiado, porque vivió una época en la que no existía Instagram», me dice Caprile, que después de treinta años al pie del cañón sueña con dedicarse únicamente a divulgar todo lo que sabe de moda, de los nombres que veneramos pero también de los que permanecen injustamente relegados a la sombra.

# MÁS QUE UN ACCESORIO

## TOCADO

Casquete, pamela, *pillbox*, turbante... Los diseños de Balenciaga se remataban con sombreros de todo tipo, elaborados en materiales tan dispares como la rafia, el visón o las plumas de ave. Fue Wladzio quien se empeñó en que la *maison* contara con su propio departamento de sombrerería, consciente de que este accesorio era mucho más que eso: se trataba, a sus ojos, de un artefacto que imprimía dignidad y equilibraba la silueta. El de la foto es un tocado en terciopelo negro con penacho de plumas *aigrette,* al parecer uno de los últimos modelos que diseñó D'Attainville antes de morir.

# 4

# UNA MUSA LLAMADA SONSOLES DE ICAZA

## MADRID, 1940

*«Señora, yo no soy
el culpable de su estado».*

Por las ventanas se cuela el ruido de la avenida de José Antonio, bautizada así en honor al fundador de la Falange, José Antonio Primo de Rivera, aunque muchos madrileños prefieren referirse a ella como Gran Vía debido a sus enormes dimensiones. A través de los cristales es posible atisbar, justo en la acera de enfrente, la entrada del Museo Chicote, la primera coctelería de España, fundada por un antiguo barman del Hotel Ritz y que está llamada a convertirse durante los años venideros en parada obligatoria de las celebridades de la época, desde Salvador Dalí o Ava Gardner hasta Ernest Hemingway o Lola Flores, hombres y mujeres de carreras fulgurantes que en las noches hedonistas de la posguerra se acodarán en la barra americana de este local con aires *art déco* en cuyo sótano se custodian miles de botellas de diferentes licores.

Pero dejemos de mirar hacia afuera y centrémonos en el interior del salón en el que nos hallamos. Se trata de un espacio luminoso, con las paredes recién pintadas de blanco y unas cuantas sillas de color oro colocadas en un extremo de la estancia; del techo cuelga una imponente lámpara de cristal. Sobre un mueble aparador presidido por un espejo de corte clásico reposan varias revistas de moda; en lo alto de la pila es posible distinguir un ejemplar de *L'Officiel* con una sofisticada ilustración de René

Gruau en la portada. Sin embargo, no siempre ha sido todo tan armónico en esta estancia: igual que algunas personas llevan una historia desgraciada en su corazón por mucho que brille su piel, lo mismo ocurre con ciertos lugares, y este piso en concreto está teñido por la tragedia. En su día fue la sede de una empresa dedicada a comercializar artículos de peletería que regentaba un matrimonio argentino. En 1936, al estallar la guerra civil española, los empresarios huyeron a su país y no volvieron hasta el fin del conflicto bélico, tres años más tarde. A su regreso, la mujer no pudo soportar lo que vieron sus ojos: la empresa desvalijada; ni un solo utensilio, ni una sola prenda en su sitio, el vacío total. Acabó quitándose la vida, mientras que su esposo, desolado por el devenir de los acontecimientos, puso de nuevo rumbo a Argentina, no sin antes desprenderse rápidamente del inmueble, quizá en un intento desesperado por borrar los recuerdos amargos y dejar atrás aquella España que había acabado siendo una maldición.

Las vendedoras que ahora pisan la moqueta de color gris claro probablemente desconozcan ese pasado luctuoso del lugar en el que trabajan. El piso de dos plantas goza hoy de una nueva vida: es la sede de la casa de moda de Cristóbal Balenciaga en Madrid.[17] Abajo se ubican el hall, el despacho de dirección, el almacén y los probadores, mientras que arriba se encuentran los talleres y el espacio que hace las veces de vivienda del diseñador cuando este se encuentra en la capital española. Las prendas que salen de dichos talleres llevan cosidas etiquetas en las que puede leerse la palabra EISA, a modo de abreviatura de Eizaguirre en la que la zeta se ha sustituido por una ese más melódica, tal y como se pronuncia en euskera. El apellido de Martina, la madre de Cristóbal y a la sazón su primera maestra, es el código para distinguir las confecciones españolas de aquellas que el modista y sus socios comercializan en Francia. Si bien las primeras resultan más económicas, presentan el mismo grado de perfección que las etiquetadas con la palabra BALENCIAGA, porque el creador jamás permitiría que bajo su responsabilidad se despachase una sola prenda de factura mediocre.

Una de esas vendedoras que van sobriamente vestidas de negro consulta una ficha de cartulina. En ella lee el nombre de la clienta que está a punto de llegar. Se trata de Sonsoles de Icaza y de León, una de las mujeres más elegantes de Madrid. Hija del fallecido Francisco de Asís de Icaza, poeta y diplomático mexicano, ostenta el título de marquesa de Llanzol desde 1936, fecha en la que contrajo matrimonio con Francisco de Paula Díez de Rivera. Era con la hermana mayor de Sonsoles, Anita, con quien el marqués tendría que haberse casado según los deseos de la madre de ambas, pero cuando Francisco vio a Sonsoles por primera vez supo que ya no querría a ninguna otra a su lado. La diferencia de edad entre los esposos es de veinticuatro años y, a pesar de ese abismo, Díez de Rivera siente adoración por su mujer. Ella, sin embargo, le ve a él más como un padre que como un marido, y acabará viviendo un romance apasionado con el guapísimo Ramón Serrano Suñer, ministro del régimen de Francisco Franco y casado con Zita Polo, a su vez hermana de Carmen, la mujer del dictador.[18] Un escándalo en toda regla que alimentará las conversaciones en susurros de la clase alta madrileña.

Pero no nos desviemos, porque nada de eso ha sucedido aún.

La marquesa de Llanzol, que ha llegado al número 9 de la avenida de José Antonio a bordo de un Cadillac conducido por su chófer, está entrando en la zona de los probadores. Camina con paso firme, destilando seguridad en sí misma. Resulta inevitable fijarse en su porte: 1,72 metros de altura —una medida inusual para las mujeres de su época—, a los que hay que sumar los casi diez centímetros adicionales de sus zapatos de tacón. Tiene las cejas finas, los dientes perfectos, la nariz recta, el cabello ondulado, la mirada distante. Parece una estrella de cine.

Cuentan que es culta y divertida, amante de la lectura, y que a su mesa tan pronto se sienta a cenar el filósofo Ortega y Gasset como el artista Antonio el Bailarín. La marquesa pertenece a esa privilegiada minoría española que, a pesar de las estrecheces que afronta el país, puede permitirse el acceso a dos tipos de lujo: las buenas conversaciones y la alta costura.

Enseguida llega uno de los empleados de Balenciaga a ajustarle la *toile*, ese tejido basto en el que inicialmente se confeccionan los diseños antes de que cada puntada esté decidida y se empiece a coser, al fin, en alguna de las telas de nombres evocadores que tanto le gustan al maestro: organza, satén, tafetán, chiffon, chantillí, guipur, seda, crepe... Lo que se está ideando en esos momentos para Sonsoles es un par de trajes de embarazada, aunque a ella seguramente le apetecería más lucir el gran éxito de las colecciones del año pasado, el vestido Infanta, creación con reminiscencias a esos atuendos de las mujeres de la Casa Real española que tan bien retrató Velázquez y que Balenciaga ha podido observar con detenimiento en sus frecuentes visitas al Museo del Prado.[19]

La aristócrata se mira en el espejo rectangular, gira sobre sí misma y reposa su mano derecha en el vientre. Dentro se gesta la vida de Antonio, el tercero de sus hijos con el marqués después de haber alumbrado a Sonsoles y Francisco. Se dirige a la vendedora que la está atendiendo y le espeta en tono arrogante:

—Quiero que me hagan un descuento.

La vendedora, desconcertada, niega con la cabeza y titubea:

—Disculpe, marquesa, pero... pero es que en esta casa no se estilan los descuentos.

Sonsoles hace un mohín. No está acostumbrada a que le nieguen sus deseos. Guarda silencio, molesta, y cuando acaba la prueba vuelve a vestirse con su ropa. Sale al pasillo, subida a sus tacones, buscando a alguien de mayor rango con quien discutir el asunto. Entonces le ve. Es un hombre alto y apuesto, lleva una impoluta bata blanca por la que sobresale una corbata negra. Sin duda tiene que ser él: Cristóbal Balenciaga en persona. Sonsoles se acerca, le tiende la mano enjoyada, se presenta y le repite su exigencia: quiere que le hagan un descuento.

—Tenga en cuenta que no podré volver a usar estos trajes cuando haya dado a luz y recupere mi figura —argumenta.

Balenciaga la contempla. Se detiene en su cuello delicado. El diseñador siente predilección por esta zona de la anatomía femenina; no es casual que, en sus desfiles, las modelos lleven siempre el pelo recogido para destacarla. Por eso le inspiran los quimonos japoneses, que dejan el cuello al descubierto, y por eso sus prendas se basculan ligeramente en el área superior, de manera que la nuca quede a la vista y en consecuencia toda la silueta se equilibre.

La mirada de Sonsoles es apremiante. Cristóbal se baja las gafas hasta el puente de la nariz —en un gesto muy suyo—, cruza las manos a la espalda e, impasible, responde en voz baja, el tono habitual en él:

—Señora, yo no soy el culpable de su estado.

Transcurren unos segundos, como si ambos estuvieran midiendo sus fuerzas, hasta que finalmente los dos se echan a reír.

Acaba de nacer una amistad inquebrantable que se mantendrá viva durante más de tres décadas.

# LAS CLIENTAS

Cuando le preguntan por el papel de musa que su madre ejerció para Cristóbal Balenciaga, Sonsoles Díez de Rivera suele responder que el maestro no necesitaba musas, pero nadie duda que la marquesa de Llanzol fue una de las que mejor llevaron sus diseños. Se atrevía con todo, incluso con aquellos modelos más teatrales que habían sido concebidos únicamente para ser exhibidos en los desfiles. «Lo has diseñado tú, ¿no? Pues yo me lo pongo», solía decir la aristócrata, sin complejos, ante las dudas de su amigo. Sonsoles de Icaza llegó a tener varios armarios repletos de creaciones suyas —en torno a cuatrocientos trajes y noventa sombreros—, aunque muchas de ellas se perdieron con el paso de los años, por culpa de un derrumbe. «Vivíamos en la calle Hermosilla, junto a un edificio que iban a tirar. Como no apuntalaron bien, se nos cayó media casa, justo en la zona donde estaban los baúles, así que se perdieron muchas cosas», me confirma Díez de Rivera.

He quedado con ella, con Sonsolitas —según la llamaba Balenciaga, para diferenciarla de su madre—, en su actual domicilio

madrileño. Viste vaqueros, camisa blanca y mo-
casines, lleva la melena de color negro azabache como si acabara de salir de la peluquería y
aparenta diez años menos de los que en realidad tiene (como es una mujer coqueta, no seré
yo quien desvele aquí su edad). En su salón hay
libros de pintura y fotografías familiares. Desde el sofá en el que estoy sentada distingo un
retrato de Carmen, su hermana pequeña, ya
fallecida, a quien apodaban *la musa de la Transi-
ción* porque fue directora de Gabinete de Adol-
fo Suárez. «Mi madre era espectacular, y mi
hermana, de no creértelo de guapa. Como yo
no tenía nada que hacer frente a ellas, supe que
me tocaba ser lo más divertido y ocurrente
que te puedas imaginar», me explica con mucho sentido del humor. Sonsoles Díez de Rivera, que estrenó un Balenciaga el día de su primera comunión, atesora un montón de
anécdotas, como aquella vez en la que, a sus
quince años, el modista le regaló un traje y ella
le dijo que no le gustaba nada, que le hacía gor-
da. «Pero es elegante», repuso él. «Ya seré elegante cuando tenga cuarenta años», contestó

la otrora adolescente. Y entonces Cristóbal miró a la madre y concluyó: «La niña tiene razón. Que vaya a la casa y elija lo que ella quiera». Mi interlocutora me confirma que Sonsoles de Icaza y Balenciaga mantuvieron una gran amistad, a pesar de ser tan diferentes entre sí. «Mi madre era muy expansiva, mientras que él, en el fondo, era un gran tímido. Pero hacían muchos planes juntos. Por ejemplo, les apasionaba ir a regatear a los anticuarios».

Sonsoles de Icaza fue efectivamente la clienta más importante para Balenciaga —desde luego, la que llegó a conocerle de forma más profunda en su faceta no ya profesional, sino personal—, aunque su lista VIP la engrosaban otros muchos nombres destacados de la época. Cuentan, por ejemplo, que la actriz Ava Gardner (una enamorada de España) pasaba por Chicote y luego cruzaba la calle para probarse en el salón madrileño del diseñador. La multimillonaria Barbara Hutton ni siquiera se molestaba en desplazarse a ningún taller: le llevaban la ropa a su lujosa suite del Hotel Ritz, en París, donde recibía a las vendedoras bebiendo un vaso de ginebra, y era capaz de comprar el mismo vestido hasta en tres colores diferentes. Fue ella, Barbara Hutton, quien puso a Mona Bismarck —otra americana adinerada— en contacto con la *maison* Balenciaga, y se dice que esta última encargó una vez ciento cincuenta vestidos del tirón. La princesa de Mónaco, Grace Kelly, acudió a la fiesta de su 40.º cumpleaños vestida con un Balenciaga de terciopelo negro, y Marella Agnelli, esposa del magnate de la Fiat, Gianni Agnelli, lució uno rosa para fotografiarse en su villa italiana. Caso aparte es el de la paisajista y coleccionista de arte Rachel (alias Bunny) Mellon, que tenía más de seiscientas piezas del guipuzcoano: a ella, Balenciaga le hacía incluso los pijamas y la ropa de jardinería; también las sofisticadas batas de seda o terciopelo con las que recibía en casa a sus invitados cuando ejercía de anfitriona. Es bien conocida la anécdota de la heredera texana Claudia Heard (casada con uno de los miembros de la familia española de bodegueros Osborne), según la cual pidió que al morir la enterraran con su Balenciaga favorito para que el modista pudiera reconocerla inmediatamente cuando se encontraran en el Más Allá. Jackie Kennedy, por su parte, se encaprichó por algún que otro modelo de Cristóbal cuando era primera dama de Estados Unidos, igual que la original Wallis Simpson, duquesa de Windsor (sobre la que volveremos más adelante), o la *socialité* Gloria Guinness (esta última, muy práctica, ordenó que le hicieran un vestidor enorme en cada una de sus mansiones para no tener que molestarse en hacer las maletas). ¿Y se acuerdan de Helena Rubinstein, la creadora del imperio cosmético que lleva su nombre? Pues ella invitó al equipo de *Harper's Bazaar* a que fotografiasen algunos diseños de Balenciaga junto a las obras de Picasso que tenía en su apartamento parisino, y también hizo que el artista Graham Sutherland la pintara a ella misma ataviada con un imponente vestido de brocado rojo del vasco. En resumen, y tomo prestadas las palabras de la periodista Jacqueline Demornex, él vestía a todas aquellas que «eran alguien».

A esas mujeres adictas a las creaciones del guipuzcoano se las apodaba *las balenciagas*. En esa categoría podríamos englobar también a las artistas de cine que mataban por sus diseños, como Marlene Dietrich, quien declararía: «A mí jamás me tomó una medida, pero sus vestidos me quedaban perfectos». A la Dietrich, Balenciaga la arregló para sus presentaciones y conciertos, así como en algunas de sus apariciones en la gran pantalla, por ejemplo en la película *Encuentro en París*. La mexicana María Félix vistió del modista en *La estrella vacía* y Sara Montiel en *Pecado de amor*. Isabel Garcés, actriz española como la Montiel, exigía por contrato que sus vestidos llevaran la firma del vasco (luego se los quedaba, y así fue como compuso un fondo de armario formidable, lo cual no deja de tener su mérito). Otras estrellas del celuloide que lucieron sus propuestas fueron Rita Hayworth, Lauren Bacall, Elizabeth Taylor, Ginger Rogers, Ingrid Bergman, Romy Schneider… La lista es apabullante.

¿Cómo consiguió un hombre salido de un modesto pueblo costero español fascinar a esa pléyade de mujeres que podían vestirse donde les viniera en gana? Tal vez la clave esté en la perfección y la calidad. O en el rasgo diferencial de todo lo que salía de su cabeza. «Ver sus colecciones me hacía llorar. Era asistir al nacimiento de una sinfonía», resumió Hubert de Givenchy. Es igualmente revelador lo que relató la editora de moda Diana Vreeland en sus memorias: «Una nunca sabía qué era lo que iba a ver en una presentación de Balenciaga. Una se desmayaba. Era posible estallar y morir. Recuerdo que en un desfile de principios de los años sesenta —organizado para las clientas más que para los compradores— Audrey Hepburn se giró hacia mí y me preguntó cómo es que no estaba echando espuma por la boca con lo que estaba viendo. Le contesté que intentaba parecer tranquila e indiferente porque, al fin y al cabo, pertenecía a la prensa. Al otro lado de la pasarela, Gloria Guinness se había deslizado silla abajo hasta el suelo. Todo el mundo estaba bajo el influjo del drama, de la espuma y los truenos. No sabíamos qué nos estaba pasando, fue glorioso. Bueno, lo que estaba pasando es que Balenciaga presentó por primera vez el *maillot*».

Frente a toda esa literatura de la Vreeland, el experto en moda Eloy Martínez de la Pera resume la razón del éxito del modista con una simple palabra: aspiracional. «En su época, toda mujer elegante deseaba poseer un Balenciaga, al igual que hoy todas las novias que pueden permitírselo ambicionan casarse con un Elie Saab o un Zuhair Murad», sentencia. La teoría del fotógrafo de moda Cecil Beaton, coetáneo de Cristóbal, era la siguiente: «Muchas mujeres creen ciegamente en el atrevido pero infalible talento de Balenciaga y se sienten guiadas desde el peligro a la seguridad en las corrientes y remolinos de las modas contemporáneas». Por cierto, esas mujeres fantásticas que creían ciegamente en el *couturier* español abonaban con gusto sus compras, según escribió Bettina Ballard: «Las clientas respetaban tanto la casa que no se les ocurría dejar de pagar sus facturas al momento o llegar tarde a las pruebas». Pero a muy pocas de ellas, poquísimas, las atendía él personalmente. Sonsoles de Icaza, la aristócrata que osó pedirle un descuento, fue una de sus grandes excepciones.

# DEL MUSEO A LA CALLE

## VESTIDO INFANTA

La editora de moda Bettina Ballard se quejaba de que durante sus viajes a España nunca había logrado convencer a Cristóbal para que la acompañara al Prado, pero la imagen de la derecha demuestra que —con Bettina o sin ella— Balenciaga sí que iba a los museos. A este tipo de vestido, que parece sacado de un cuadro de Velázquez, se le dio el nombre de Infanta. Formaba parte de la colección de invierno de 1939. Las periodistas de *Vogue* escribieron que, con esta clase de creaciones, el modista español había conseguido capturar «el romanticismo del ayer».

# 5
# EL DUELO POR WLADZIO

## IGUELDO (SAN SEBASTIÁN), 1948

*«Nadie se imagina
lo duro y agotador que es
este oficio, a pesar de todo
el lujo y el glamour.
De verdad,* c'est la vie
d'un chien!».

H ace frío y faltan pocos días para Navidad.

Cristóbal aparca su viejo Citroën sobre la gra- villa, que cruje bajo las ruedas. El diseñador baja del coche, se sube las solapas del abrigo y rebusca en los bolsillos hasta que da con las llaves de la casa. El perro de su hermana Agustina acude a su encuentro y le recibe con ladridos de júbilo. Él le acaricia el hocico distraída- mente y continúa su camino. Antes de alcanzar la puerta principal, mira por encima del hombro para detenerse un momento en las vistas. Le gusta su *maison* de París, claro, con toda su uniformidad y su boato, pero para él no hay nada comparable a la contemplación de la bahía de San Sebastián desde este punto exacto, en lo alto del Monte Igueldo, donde tiene su refugio. Este caserío vas- co es el lugar al que le gusta invitar a sus amigos más ínti- mos a comer sardinas a la brasa cuando llega el verano, y el sitio al cual regresa sin excusa para descansar entre co- lección y colección. Aquí no hay suelos de mármol en for- ma de damero, pero sí tierra húmeda siempre dispuesta a acogerle. Aquí puede dejar de representar a Balenciaga para ser simplemente Cristóbal.

Gira la llave, entra, enciende las luces. Se dirige a la salita de estar y ve que, sobre la mesa —un recio mueble español—, Agustina le ha dejado preparada la cena. La buena de Agustina, que no se ha casado ni ha tenido hijos y por eso sigue dirigiendo todos sus cuidados hacia él, al fin y al cabo, su hermano pequeño. Pero Cristóbal no tiene hambre. En realidad, no tiene ganas de nada. Va al salón y se deja caer en el sofá, frente a la chimenea, sobre la cual hay un crucifijo de grandes dimensiones flanqueado por un par de espejos con marcos barrocos. Delante del hogar reposa, como un fantasma, la antigua máquina de coser de Martina Eizaguirre, su madre. Aunque hoy, por una vez, no piensa en ella. Cristóbal echa la cabeza hacia atrás y la apoya sobre un cojín, con la mirada fija en el techo de vigas vistas.[20] Pronuncia en voz alta una sola palabra, un solo nombre: «Wladzio».

Sus recuerdos de la última semana son algo confusos. La noticia de la muerte repentina acontecida en Madrid a causa de una peritonitis,[21] la certeza injusta de que Wladzio ha dejado de existir con solo cuarenta y nueve años, cuatro menos de los que él tiene ahora mismo. Y después, la cascada de emociones: la punzada en el pecho, la cabeza que estalla, el enfado, la ira, la angustia, el pánico; la sensación de vacío, en fin. El cuerpo le pide dejarlo todo, salir corriendo, tirar la toalla de una vez por todas y alejarse de la alta costura que tanto le da pero al mismo tiempo tanto le quita.

«Nadie se imagina lo duro y agotador que es este oficio, a pesar de todo el lujo y el glamour. ¡Es una vida de perros!», piensa para sus adentros.

¿Qué sentido tiene todo esto ahora, sin Wladzio a su lado? Se encuentra cansado y se siente incapaz de seguir adelante sin él. ¿Quién se va a encargar ahora de encandilar a las clientas, de sacar brillo a la marca Balenciaga, de crear todo un mundo de ilusión en torno a sus creaciones?

Sí, se está planteando seriamente dejarlo. ¿Y si ingresara en un monasterio? Quizá allí se encontraría mejor, aislado y en silencio. La religión siempre le ha proporcionado alivio y consuelo...

Pero hay voces que le piden que continúe, que no se rinda; quienes le alertan de que el negocio de la alta costura parisina se desmoronaría sin él, igual que los castillos de arena se deshacen en la orilla del mar cuando nadie se ocupa de protegerlos de las olas. Si eso ocurriera, el pujante mercado estadounidense tomaría ventaja sobre el francés. No deja de ser paradójico que la persona que más le ha insistido para que siga al pie del cañón sea precisamente quien hoy se perfila como su máximo competidor: Christian Dior.

Hace menos de dos años, concretamente el 12 de febrero de 1947, que ese hombrecillo con orejas de duende, calvo y de piel sonrosada,[22] nacido en Normandía en el seno de una familia burguesa, irrumpió en el panorama de la *haute couture* por todo lo alto, tras haber trabajado a las órdenes del creador Lucien Lelong y, antes de eso, haber dirigido galerías de arte con las que tuvo poco éxito. Dior se estrenó como modista bajo su propio nombre en el número 30 de la avenue Montaigne de París, siendo ya cuarentón, y con una línea a la que denominó Corola. Para dar carpetazo a la desolación de la Segunda Guerra Mundial, su propuesta consistió en vestir a las mujeres como si fueran flores, con faldas que se abrían desde la cintura cual pétalos y tonalidades pastel declinadas una y mil veces. ¡El regreso de la alegría!

—Salíamos de una época de uniformes, de mujeres-soldados con complexión de boxeador. Yo he dibujado mujeres-flores, de hombros suaves, busto dilatado, talles finos como juncos y faldas largas como corolas[23] —ha escuchado Balenciaga explicar a Dior cuando le preguntaban por su revolucionaria apuesta.

En el pase de esa primera colección, la directora de la revista *Harper's Bazaar*, Carmel Snow, no pudo contener el entusiasmo ante lo que veían sus ojos: *Dear Christian, your dresses have such a new look!*, tus vestidos tienen un aspecto tan nuevo, le dijo la periodista al normando, abrazándole con ímpetu, y ahora ya nadie habla de la silueta Corola sino del New Look, tal es la influencia que tiene Snow en la industria de la moda, por mucho que se la acuse con malicia de ser adicta a los martinis.[24] Si la respuesta de Dior al fin de la guerra fue la invención de las hiperfemeninas mujeres-flor, la de Balenciaga se resumió en la silueta Barril, con la que suprimió el talle de un plumazo y apostó por la máxima simplicidad. La cara y la cruz.

Pero todo eso fue cuando Wladzio aún vivía y su mundo no se había quedado suspendido en el aire.

Volvamos a ese día de diciembre de 1948, al frío caserío vasco en el que hemos dejado solo a un Cristóbal en sus horas más bajas.

El diseñador se pasea por el salón, con los puños apretados. Nota su respiración entrecortada. Al pasar por delante de la máquina de coser de Martina, se detiene. Relaja las manos y acerca, despacio, la palma derecha a la estructura de metal. Al sentir su tacto helado, recuerda la primera vez que utilizó ese artilugio, la emoción que le embargó al comprobar todo lo que era capaz de hacer con él. Entonces se dirige de nuevo a la salita. Se sienta ante la mesa y da unos cuantos bocados, casi rabiosos, a la comida que le ha dejado Agustina. Lleva el plato sucio a la cocina, lo aclara en la pila, se seca las manos con un trapo de tacto tosco y regresa al salón, donde busca sus utensilios de trabajo. Una vez los encuentra, se acomoda en una butaca y, tras dudar unos instantes, se pone a dibujar.

Lo que perfila es el boceto apresurado de un vestido. Coge un trozo de tela, lo recorta y lo pega junto al dibujo. Se trata de un tejido negro, de un negro profundo y pesado, un negro como el fondo de un pozo, un negro igual al que ha visto en las pinturas de El Greco. Balenciaga está de luto y así lo refleja sobre el papel, pero algo le dice que aún no ha llegado la hora de abandonar.

Todavía no.

# EL HOMBRE

¿Cómo era realmente Balenciaga? Podemos adivinar su personalidad en su faceta de diseñador, pero ¿cómo era el hombre, ese que estuvo a punto de dejarlo todo tras la muerte de Wladzio? El mismo Cristóbal hizo todo lo posible para evitar que pudiéramos responder a estas preguntas. «¿Por qué han de fotografiarme? No soy un sabio ni un general victorioso», decía para justificar su hermetismo.[25] Por eso en sus desfiles se escondía tras la cortina. Y por eso solo concedió dos entrevistas en su vida, en las que, para más inri, aparecen muy pocos entrecomillados, lo cual me hace pensar que las autoras de sendos textos tuvieron un tiempo más bien escaso para hablar con el modista.

Como consecuencia de todo ello, me resulta harto complicado extraer la verdadera esencia de Cristóbal. Supongo que en una tesitura similar se ha visto el actor Alberto San Juan, protagonista de la serie sobre el costurero que ha rodado Disney+, la primera de este tipo que se dedica a tratar su figura en profundidad, así que mi siguiente objetivo es intercambiar impresiones con el intérprete. Puesto que San Juan está muy liado con ensayos aquí y allá, contacto con él a través de su representante y con mucha amabilidad accede a responder a mis preguntas por correo electrónico. Me cuenta que antes de asumir ese papel no sabía absolutamente nada sobre la alta costura ni mucho menos sobre Cristóbal, y que tuvo que inventarse su piel —esas son las bonitas palabras que utiliza: «inventarse su piel»— debido a la escasez de documentos acerca de cómo eran su manera de moverse, sus gestos o su voz. «Creo que el Balenciaga que aparece en la serie no hubiera querido que se hiciera una serie sobre él. O sí, no lo sé. Porque, como todo ser humano, estaba hecho de contradicciones, y también tenía su vanidad», explica. El día que recibí los materiales de prensa en los que Alberto San Juan aparecía caracterizado como el diseñador di un respingo: así era exactamente como yo había ido construyendo a Balenciaga en mi cabeza durante la investigación de este libro. De modo que le pregunto a Alberto si no será que, en el fondo, su personaje y él mismo tienen más puntos en común de los que cabría imaginar. «Sí, hay cosas del Cristóbal que hemos creado en la serie que reconozco en mí: tengo vocación de humildad, pero también soy vanidoso, y hasta soberbio», admite.

Dice el actor que a la hora de interpretar esta figura le han interesado múltiples matices de su carácter, como «el no poder ser libremente quien era». «También sus conflictos con el proceso creativo, que le podía hacer volar o hundirse», añade. Puesto que parte del rodaje se ha desarrollado en Guetaria, le pregunto qué le ha transmitido ese lugar y de qué manera cree que pudo haber influido a Balenciaga. «No lo sé —confiesa—. Quizá el llevar grabado el miedo al qué dirán. La necesidad de aparentar una forma correcta a los ojos de los demás. También un cierto sentido de dignidad. Hoy en día, Guetaria es un precioso pueblo turístico y no es fácil evocar lo que fue un siglo antes...».

Tiene razón: ha pasado mucho tiempo desde entonces.

¿Cómo puedo saltar a esos tiempos pretéritos para seguir indagando sobre el carácter del maestro? De pronto recuerdo que, en un pódcast reciente de la revista *Telva*, el diseñador Fernando Lemoniez aludía de pasada a que una tía abuela suya había sido amiga de Cristóbal. Lemoniez es una de esas rara avis que no tienen la aplicación de WhatsApp instalada en el teléfono móvil, de modo que concertamos una cita a través de SMS.

«Todo el mundo habla de Balenciaga, pero en realidad nadie sabe nada sobre su persona, pues en lo privado era como una caja hermética». Es lo primero que me indica, según enciendo la grabadora, este hombre que comparte con Cristóbal su condición de vasco y su oficio de diseñador, y yo diría que también el carácter discreto y elegante. Hemos quedado en una cafetería del barrio de Salamanca, en Madrid. Fernando pide un botellín de agua y se presta a contarme la historia de Carmen Zappino

Barcaiztegui, su tía abuela por parte de padre, que fue íntima del *couturier.* «Se conocieron en San Sebastián, donde vivía ella. Eran coetáneos, Carmen tenía muchas amistades allí, y también en San Juan de Luz, en Biarritz... Es que San Sebastián en aquella época, a finales de los cincuenta o principios de los sesenta, era un pueblo —relata—. Cada temporada, Balenciaga le mandaba desde París cuatro o cinco trajes que él había elegido personalmente para ella, lo cual demuestra que era muy generoso, porque mi tía no tenía la fortuna que hacía falta para vestirse en sus casas». Carmen murió sin descendencia, y algunos de esos modelos —trece, en total— están hoy en manos de Fernando, que dedica casi todo su tiempo libre a estudiarlos, lo cual me recuerda a cuando Balenciaga estudiaba los patrones de Chanel, como en una cadena infinita de creadores que se van guiando los pasos los unos a los otros...

Lemoniez me muestra una foto de su tía abuela. En ella veo a una mujer elegante, con el pelo corto, collar de perlas, guantes negros y un perfecto traje sastre de Balenciaga. Sonríe a la cámara. Que Cristóbal y Carmen eran íntimos lo demuestra otra anécdota que me cuenta el sobrino nieto de esta: «Cuando yo era pequeño, tendría unos seis o siete años, mi tía estaba muy enferma. En aquella época, ya sabes, la gente se moría en casa. Bueno, pues resulta que mis padres vivían en el segundo piso y ella en el quinto, de modo que los domingos subíamos porque iba un cura a darle misa. Me quedó el recuerdo de que allí, escuchando la misa, estábamos nosotros —mis padres, mis hermanos y yo— y un señor grande, muy serio, que siempre iba vestido de oscuro, no sé si de negro o de gris... Tenía esa imagen grabada. Ya de adulto, un día le pregunté a mi padre: "Oye, papá, ¿quién era aquel señor que iba a casa de la tía Carmen cuando se estaba muriendo?". Y él me respondió, con toda naturalidad, que era Balenciaga».

Cristóbal también mantuvo relación con los progenitores de Fernando. Otro de los documentos que el diseñador comparte conmigo es la foto de un folio arrugado, cubierto de arriba abajo con una letra inclinada, escrita en tinta azul. «Pollo a la indiana», leo en el encabezado. Lemoniez sonríe al ver la confusión reflejada en mi rostro. «Verás. Cuando Balenciaga iba a San Sebastián, solía invitar a mis padres a comer. Un día les puso una comida muy exótica que a mi madre le encantó, una especie de pollo al curri. Le pidió la receta. Y él, que la había aprendido de una clienta inglesa vinculada con la India, se la escribió a mano».

Esos retazos de memoria familiar nos ayudan a perfilar un retrato más personal de Cristóbal, pero si Fernando Lemoniez tuviera que destacar un solo rasgo de su carácter, ese sería la inteligencia. «Si lo extrapoláramos al ámbito de la medicina o de la música, habría sido un Fleming o un Mozart. Era una persona sumamente inteligente. Y tenía un don para la costura. Fíjate, yo llevo cuarenta años dedicado a la moda, intentando hacer las cosas con honestidad, y mis conocimientos son microscópicos al lado de los suyos. Una de sus claves para lograr la perfección era que primero elegía el tejido; tenía el don de que el tejido le dijera cómo debía elaborar el diseño», apunta. El hecho de ser vasco también le marcó, en opinión de Lemoniez: «Siempre fue fiel a sus principios, y creo que eso es algo que da la tierra. Le ponían contratos de oro delante, pero jamás se prostituyó. Nunca dejó de ser una persona humilde».

Estas reflexiones encajan con algo que he leído en las memorias de Bettina Ballard, escritas cuando el modista aún vivía: «Balenciaga muestra menos interés en el dinero que cualquier persona que yo conozca, aunque tiene un buen instinto para que le paguen justamente por lo que crea. Cada vez que le ofrecen sumas impresionantes para hacer una línea mayorista en Estados Unidos, o para poner su nombre en algo que no ha diseñado, se encoge de hombros y dice: "¿Y qué iba a comprarme? Ya tengo un coche y demasiadas casas"». El coche al que se refería era ese viejo Citroën con el que quizá un día triste viajó a Monte Igueldo para pasar en soledad el duelo por la muerte de Wladzio...

Esa escena en la que sitúo a Cristóbal solo en su caserío es un intento por acercarme al hombre, y algunos de los detalles que narro en ella —como el plato de comida que le ha dejado Agustina— son fruto de mi imaginación. Pero lo de la prenda negra que supuestamente se puso a diseñar durante su duelo no lo he sacado de la nada: una de las leyendas más repetidas sobre Balenciaga es que, tras la pérdida de Wladzio, lanzó una colección enteramente de luto. «Un poema en negro», según las literarias palabras de Marie-Andrée Jouve. Quién podría resistirse a aprovechar desde un punto de vista narrativo esa anécdota tan potente... Sin embargo, la investigadora Ana Balda me la desmiente durante una larga conversación que mantengo con ella a través de la pantalla del ordenador; ella en su despacho del País Vasco, yo en el mío de

Madrid. «Había negro en todas sus colecciones, porque es un color muy elegante. Pero en aquella en concreto también hubo otros colores. La crónica de *Women's Wear Daily* del día siguiente a la presentación de Balenciaga, el 4 de febrero de 1949 (Wladzio falleció el 14 de diciembre de 1948) habla, por ejemplo, de un vestido de chifón verde esmeralda. Y la colección siguiente, la que se presentó en agosto de 1949, tampoco fue toda negra: una crónica de la misma publicación menciona los vestidos en rojo rubí, amarillos y azules claros...», aclara Balda, que más tarde me envía recortes de prensa como prueba del rigor de sus palabras. Todo este asunto del luto me recuerda a la reacción de Coco Chanel cuando su amante, Boy Capel, también murió de manera repentina (en su caso, debido a un accidente de tráfico). La diseñadora, rota de dolor, hizo que tapizaran de negro su habitación, del techo a la moqueta. Pero luego, al tratar de dormir ahí dentro, casi le da algo. «¡Sáqueme de esta tumba!», le imploró a su mayordomo. A la mañana siguiente, ordenó que redecoraran su habitación, esta vez de rosa. O tal vez nunca sucedió exactamente así y esta anécdota sea fruto de una leyenda similar a la de la colección negra de Balenciaga. Hay enigmas que nunca podrán resolverse...

## Pollo a la Indiana

1 pollo. 2 cebollas. 1 limón 1 raja de anana 2 cucharas de sopa de curry
12 manzanas
100 gramos de mantequilla ½ litro de caldo. 30 gramos de uvas secas frayrue. Una cuchara de sopa de Chutney. una cuchara de arina, sal.

Asar el pollo y quitarle todos los huesos y cortarlo en pedazos pequeñitos. Hacer dorar en mantequilla las cebollas picadas, añadirles las manzanas peladas y cortadas en rajas muy finas, la piña en pedazos, las uvas, la chutney y el jugo de limón. Añadirles la harina mezclada al curry y un poco de sal. Remover rapidamente. Añadir poco a poco el caldo, removiendo siempre. Hacer que hierva y dejar que cueza durante 10 minutos. Añadir al final los pedazos del pollo, mezclando todo, rapidamente. Servir con arroz en plato aparte

# DE PUÑO Y LETRA

## MANUSCRITO

Balenciaga quiso dejar pocas pruebas acerca de quién era él realmente, pero se le olvidó que la letra es
delatora. La suya ha quedado plas-
mada en multitud de manuscritos;
por ejemplo, en las educadas notas
que le dirigía a su colaborador Juan
Mari Emilas para darle indicaciones
sobre trabajos a medio hacer (las firmaba como C.B. o C. Balenciaga), o
en la receta que le regaló a la madre
de Fernando Lemoniez y que aparece aquí reproducida. De esta última
me llama la atención que utilizara in-
distintamente el término «piña» en
español o en francés («*anana*»).

# 6
# UNA OVACIÓN DE CINCO MINUTOS

## PARÍS, 1950

*«Lo importante no es el éxito, sino el prestigio».*

El joven modista que en 1917 abrió su primera casa de costura en San Sebastián es hoy un hombre de cincuenta y cinco años que trata sus problemas de sinusitis en una clínica suiza y al que se le empieza a resentir la espalda por culpa de las largas jornadas de trabajo. Tiene ahora, además, heridas en el alma que no se le han curado tras la muerte de Wladzio, a pesar de que actualmente cuenta con un nuevo compañero, un español de cejas frondosas y carácter huidizo, nacido en la localidad navarra de Lesaca, que ha entrado en la *maison* a trabajar como dibujante y ahora es el encargado de diseñar los sombreros. Su nombre es Ramón Esparza.[26]

Muchas cosas han cambiado en la avenue George V desde que el establecimiento se inaugurara en 1937. La casa parisina cuenta ahora, trece años después, con una boutique a pie de calle decorada por el interiorista Christos Bellos con esculturas de piedra y estuco, y hasta dos ciervos de bronce que custodian las puertas de un ascensor forrado en cuero que sube hasta la tercera planta, donde se encuentran los talleres. En los escaparates no se atisba ni un vestido, ni un abrigo, ni una sola prenda de relevancia con la que tratar de atraer el bolsillo de las viandantes. Sí hay, en cambio, figuras alegóricas[27] y accesorios menores como bolsos o bufandas, y también dos frascos de perfume etiquetados con las elegantes denominaciones de *Le Dix* y *La Fuite des Heures*. La sobreexposición, parece, no está permitida en estas vitrinas coronadas con toldos blancos sobre los cuales podemos leer, en grandes letras mayúsculas, el rótulo BALENCIAGA. Qué paradójico resulta que precisamente en el local de al lado se esté proyectando la apertura del Crazy Horse, un cabaret que, según cuentan, nace para hacerle la competencia al Moulin Rouge, ya que en este nuevo establecimiento las mujeres bailarán semidesnudas en un escenario de color rojo fuego...

Aquí, en el número 10 de la avenida, el negocio de Cristóbal va viento en popa: la casa de París tiene hoy, en este año 1950 en el que nos encontramos, un total de doscientos treinta y dos trabajadores, entre operarios, cortadores, jefas de taller y maniquíes. Tal despliegue para cumplimentar dos colecciones al año, cada una de las cuales debe aglutinar cerca de doscientos diseños[28] que prensa, clientes y compradores esperan con avidez. Él, que de niño acarició la tela enviada a su casa por la marquesa de Casa Torres como si se tratara de una gema única en el mundo, puede elegir ahora entre la infinidad de exclusivos tejidos que le proporcionan hasta noventa proveedores diferentes.

Hoy es una fecha marcada en rojo en el calendario de

la *maison,* pues va a tener lugar el desfile de la colección otoño-invierno. Los asistentes guardan silencio; algunos apagan sus cigarrillos en los pesados ceniceros de mármol. No hay música ni ruido alguno, salvo unos tímidos carraspeos que se amortiguan con la palma de la mano. En la primera fila se acomoda la inconfundible Carmel Snow, con su cabello de reflejos malva cortado en Antoine —el no va más de los salones de peluquería parisinos— y su voz gutural de marcado deje irlandés, la misma que bautizó como New Look la primera colección de Dior; la periodista que presume de que sus lectoras de *Harper's Bazaar* son mujeres bien vestidas que además tienen la cabeza bien amueblada.[29] Dicen que no toma ninguna decisión importante sin antes consultarla con su astróloga de cabecera[30] y que le gusta rodearse de cerebros privilegiados, tal es el caso de un escritor que empieza a despuntar y cuyos textos llevan la firma de Truman Capote. Dos veces al año, Carmel deja a su marido y sus hijas en Nueva York y viaja a París —en un recién inaugurado vuelo transatlántico en cuyo pasaje no abundan las mujeres— para asistir a la presentación de las colecciones de moda.

—La elegancia es buen gusto más una pizca de atrevimiento —alecciona Snow, que en realidad se apellida White, a todo aquel que le pide consejo.

Ahí está, con su cuaderno rojo y el lápiz afilado, la mirada atenta, siempre dispuesta a captar todo aquello que merezca ser retratado después por las cámaras de Richard Avedon o Louise Dahl-Wolfe, sus fotógrafos preferidos, para nutrir las páginas de su revista. No hay detalle que se le escape a la Snow... Un poco más allá se sienta, también en primera fila, una mujer con los labios pintados de color carmesí y el cabello peinado con raya al medio y dos gruesas trenzas prendidas en un moño sobre la nuca. Se trata de Wallis Simpson, la duquesa de Windsor, la americana que hizo que Eduardo VIII renunciara al trono de Reino Unido por amor a ella, que está divorciada, ¡y no una, sino dos veces!; la fascinante Wallis, sí, conocida además por tener uno de los guardarropas más avanzados del mundo: una vez salió en *Vogue* con un vestido de la diseñadora Elsa Schiaparelli en cuya tela blanca destacaba una langosta enorme dibujada por Salvador Dalí...

Son las tres de la tarde en punto y aquí llegan las modelos.

Van saliendo una a una, con el gesto distante y el pelo recogido en un moño sencillo que les ha hecho el estilista Alexandre. Avanzan de una manera peculiar, apoyando primero la punta del pie y después el talón, de modo que más que caminar parece que se deslizan sobre el suelo.

Balenciaga las tiene aleccionadas para que no sonrían, para que nunca miren de frente al público, sino que dirijan la vista por encima de sus cabezas —«una mujer elegante debe ser un punto desagradable», les recuerda a menudo— y eso es exactamente lo que hacen. Todas ellas sostienen con la mano, a la altura de la cadera, un cartelito en el que se puede leer el número que se ha asignado al diseño que lucen, y es que aquí no hay poesía como en los nombres de los modelos de Dior, sino simple aritmética. Y así va pasando una hora entera en la que se suceden las siluetas grises, beis, mostaza, azul claro, camel...[31] Lo que llega a continuación hace que algunas clientas estiren el cuello y observen con máxima curiosidad: es un traje sastre pegado al cuerpo en la parte delantera y que se aleja de él dramáticamente por la espalda, como si le hubiera sorprendido una bocanada de aire. «¿Está mal ajustado...?», murmura una de ellas, confusa. El desconcierto se palpa en la sala, como cuando alguien nos confiesa sus secretos más íntimos y en el fondo no sabemos si lo que nos está desvelando merece nuestra crítica o nuestra aprobación.

Solo Carmel Snow sonríe y abre mucho los ojos, con embeleso. Ella ha entendido a la perfección la estética de la recién nacida silueta Semientallada. Se pone en pie.

Aplaude. Despacio, pero con fuerza y decisión. Y entonces una persona se suma a sus aplausos, y luego otra, y otra más. Y el desconcierto acaba convertido en una ovación que se prolonga durante cinco minutos. *Bravo!*, grita alguien, con la erre convertida en ge y el acento en la o, al estilo francés, y de repente la sensación de triunfo es atronadora.[32]

Pasan los minutos. El sonido de los aplausos se diluye, la sala se va vaciando poco a poco y, al fin, se apagan las luces. El humo de los cigarrillos todavía flota en el aire cuando Cristóbal Balenciaga sale de detrás de la cortina de terciopelo donde ha permanecido oculto durante todo el desfile. No hay en su semblante rasgo alguno de victoria. Abandona con descuido sobre una mesa el ramo de flores blancas que acaban de entregarle las maniquíes y se dirige a su estudio, donde se enfunda en su bata blanca y se pone a desgarrar las costuras de uno de los modelos que acaba de exhibir, para rehacerlo de nuevo.[33] Esa es su manera de celebrar el éxito: seguir trabajando. Aún puede hacerlo mejor. Sí: puede y debe hacerlo mejor...

Mientras se inclina sobre la prenda, un hombre altísimo que ha logrado saltarse el cerco de Mademoiselle Renée, la autoritaria directora de la *maison*, se cuela con sigilo en el taller. Tiene veintipocos años y porte de aristócrata. Es un amante del arte y la arquitectura y, al igual que Balenciaga, siempre ha tenido clara su vocación de modista. Trabaja haciendo accesorios para Schiaparelli y, por consejo de Dior, se está planteando abrir su propia casa de costura, a la que pretende llamar con su apellido: Givenchy.

Hubert —ese es su nombre de pila— conoce a Cristóbal desde hace poco[34] y le trata como si fuera el padre que nunca tuvo, pues él perdió al suyo siendo muy niño y ni siquiera recuerda sus facciones. A nivel personal le respeta; en el plano profesional, le venera.

—Monsieur Balenciaga, ¡vengo a darle la enhorabuena! —exclama entusiasmado—. ¡Su colección ha sido todo un éxito!

Cristóbal detiene las manos sobre la prenda en la que está trabajando. Por un instante se ve a sí mismo treinta años atrás, cuando era él quien se acercaba a la inalcanzable Chanel para mostrarle su admiración. Sonríe a medias, con una sombra de amargura en el rostro, y responde lacónico:

—Querido Hubert, lo importante no es el éxito, sino el prestigio.

# LOS PERFUMES

Hoy en día no hay diseñador que se precie que no cuente con su propia línea de fragancias, pero esto no siempre fue así. A finales del siglo XIX, la industria la controlaban en exclusiva los grandes nombres de la perfumería, como Guerlain, Molinard, Roger & Gallet o Coty. Fue este último, el visionario François Coty, quien pronunció una frase que ha quedado para la posteridad: «Dale a una mujer el mejor producto que puedas crear, preséntalo en un frasco perfecto, ponle un precio razonable... y asistirás al nacimiento de tal negocio que el mundo nunca ha visto antes». Y vaya si acertó: solo en España, la venta de perfumes supera los 1.700 millones de euros anuales.[35]

El primer *couturier* que se dio cuenta de que ahí había un mercado que merecía la pena exprimir fue Paul Poiret, con sus hoy ya bastante olvidados *Parfums de Rosine*, que nacieron en 1911 (Rosine era el nombre de su hija mayor). Pero, una vez más, la que de verdad consiguió trascender fue Coco Chanel: nadie puede negar que su *Nº5* ha logrado mantenerse como un icono global a lo largo de las décadas. A mí me parece que ese éxito es muy merecido, ya que el *N°5* supuso una revolución por múltiples razones. Para empezar, rompió con esos perfumes cursilones de la época, centrados en una sola flor —la rosa, el jazmín, la lila—, y propuso una composición abstracta en la que resultaba imposible distinguir una nota dominante entre el total de sus ochenta ingredientes. Además, la fórmula introdujo por primera vez los aldehídos, compuestos sintéticos que potencian el olor. El frasco también supuso una ruptura, por ser minimalista hasta el extremo, con un tapón inspirado en la geometría de la plaçe Vendôme (la plaza parisina donde se concentran las mejores joyerías del mundo y en la que se ubica el Ritz, donde vivía Chanel). Por no hablar del nombre, un simple número, y además no un número cualquiera sino el que a Gabrielle —que era muy supersticiosa— le daba suerte (otras teorías afirman que la elección del 5 se debe a que, de todas las pruebas que le presentó el perfumista Ernest Beaux, Chanel eligió la quinta).

Todo esto se produjo en 1921. En 1947, Christian Dior roció a los asistentes a su primer desfile con una fragancia que denominó *Miss Dior* y que hoy en día sigue siendo un superventas. Ese aroma estaba inspirado en los jardines de la infancia del modista. En cuanto al nombre, hacía referencia a su hermana Catherine, y fue consecuencia del ingenio de otra mujer, Mitzah Bricard, considerada como la gran musa del francés. La historia es la siguiente: un día Mitzah estaba visitando al diseñador en su atelier cuando Catherine entró en la habitación y Bricard exclamó: *Tiens! Voilà Miss Dior.* Y así, *Miss Dior*, fue como el maestro quiso nombrar a la primera de sus fragancias. Poco después, en 1949, llegaría *Diorama*, porque el normando defendía con ahínco el papel que cumplen los aromas en el mundo de la moda: «El perfume es el complemento indispensable de la personalidad femenina, es el toque final de un vestido», solía decir.

Cristóbal Balenciaga, por su parte, se estrenó en el ámbito de los olores el mismo año que Christian Dior, en 1947, con un perfume que, siguiendo la estela de Coco Chanel, se etiquetó con un número, *Le Dix*, diez en francés, en alusión al local de la avenue George V en el que se ubicaba su *maison*. ¿Y qué pasó después? ¿Cuántos perfumes más lanzó?

Viajo hasta Barcelona para buscar respuestas. Allí vive Juanjo Ruiz Crivillé, que ha preparado una exposición sobre los perfumes de Balenciaga y sus coetáneos por encargo del museo dedicado al modista en Guetaria. Juanjo no tiene nada que ver con el mundo de la moda: es un director de banca jubilado que ahora dedica todo su tiempo libre a su gran afición, el coleccionismo de fragancias. «Mi abuela era modista y viajaba a Francia para comprar telas. De cada viaje le traía a mi madre un perfume, sobre todo de Guerlain. En aquella época, los perfumes franceses eran una cosa poco habitual en España, así que mi madre los guardaba sin abrirlos siquiera. Cuando murió, me encontré con veinte o treinta perfumes sellados, y así empecé mi colección, hace cuarenta años», me cuenta mientras subimos una escalera de caracol que nos lleva hasta la buhardilla de su ático. Yo, que soy una fanática de las fragancias y presumo de atesorar una pequeña colección, no doy crédito a lo que ven mis ojos cuando llegamos arriba: cinco enormes vitrinas de cristal atestadas de perfumes, además de incontables cajas que, según me desvela Juanjo, contienen más esencias, además de catálogos antiguos de perfumería.

Sobre una mesa de billar arrumbada en un extremo de la buhardilla, mi anfitrión ha ordenado todas sus posesiones de Balenciaga. Y así es como juntos recorremos las incursiones olfativas de Cristóbal. Primero nos detenemos en el frasco acanalado de *Le Dix*. El jugo oscuro que contiene en su interior lleva aldehídos. Entre sus notas destacan el limón, la bergamota, el jazmín, el ylang-ylang, la violeta... La densidad la aportan ingredientes como la vainilla, el vetiver, el almizcle, el ámbar o el sándalo. Me alegra descubrir que, de todas las maravillas que le llegaban de Francia a la madre de Juanjo, ella solo utilizaba *Le Dix*. «La recuerdo oliendo a este perfume, no a los de Dior ni Chanel», rememora su hijo. ¡Bien por Cristóbal!

Saltamos al siguiente frasco, elegante y estilizado, con un tapón que me recuerda a los de las antiguas botellas de licor. De él cuelga una pequeña etiqueta dorada donde puede leerse *La Fuite des Heures* [El vuelo de las horas], una creación de 1948 que olía a musgo de roble, anís, tomillo y cuero, entre otros ingredientes. Junto a él, Juanjo ha colocado tres perfumes de diferentes tamaños, todos ellos con un nombre en común, *Fleeting Moment*, que podríamos traducir como «Momento fugaz». «Así es como se llamó a *La Fuite des Heures* en el mercado americano», me aclara el coleccionista. Su siguiente joya data de 1955 y se denomina *Quadrille*. Ruiz Crivillé me enumera su pirámide olfativa, que es como los entendidos se refieren a la estructura de cada fragancia: «Para las notas de salida se escogieron la ciruela, el melocotón y el limón; para las de corazón, el clavo, el jazmín y el cardamomo; y para las de salida, el ámbar y el almizcle». No puedo apartar la mirada de otro frasco de *Quadrille* encaramado a una escultura compuesta por dos manos que sostienen un corazón. «Este es uno de los expositores que ponían en los escaparates. Lo encontré en París, en un encuentro de coleccionistas, hace unos quince años», me cuenta con orgullo. En su colección todavía hay dos piezas más que vieron la luz cuando Cristóbal aún vivía: *Eau de Balenciaga*, de 1962, y *Ho Hang*, de 1971.

Un par de meses después de visitar a Juanjo en Barcelona, vuelo a París para asistir a la presentación de una nueva firma cosmética, Ulé. Durante el almuerzo que los responsables de la marca han preparado en la fábrica donde cultivan sus ingredientes charlo con el comensal sentado a mi derecha. Es un chico francés, trabaja en su país para el grupo Shiseido (al que pertenece Ulé) y... adivinen a qué se dedica en su tiempo libre. Pues sí, también es coleccionista de perfumes. Antoine Poujol —así se llama— empezó a recopilar fragancias hace dieciséis años, tras conocer a Serge Mansau, el famoso diseñador de frascos. «Planeo crear un museo dedicado al Arte de la Presentación en Perfumería», me cuenta. De momento, su museo es virtual: va colgando todas sus posesiones en una cuenta de Instagram. Por supuesto, lo primero que le pregunto es si tiene algo de Cristóbal Balenciaga, y me responde que atesora ochenta botellas de esta firma, datadas desde 1947 hasta la actualidad. ¡Ochenta piezas! Han acabado de servir el postre y hay un coche esperando para llevarme al aeropuerto, así que le pido a Antoine su contacto para seguir charlando a través del correo electrónico.

Ya de vuelta en Madrid, con su ayuda sigo construyendo el mapa de los olores de Balenciaga.

Nos habíamos quedado en *Ho Hang*, lanzado en 1971, el último perfume que se comercializó antes de la muerte del maestro. «Estoy bastante seguro de que ese ya no lo diseñó él, sino su familia, que continuó con la actividad de los aromas durante varios años —analiza Antoine—. Sobre mi escritorio tengo una caja de *Ho Hang* en la que pone: Balenciaga SA – 30 Avenue d'Iéna 75116 Paris (eso está a unos diez minutos caminando de la dirección histórica de la avenue George V). Lo cual quiere decir que, después de su muerte, la familia mantuvo la compañía abierta para crear y lanzar nuevos perfumes mientras que la parte de costura estaba cerrada». En efecto: hubo perfumes de Balenciaga después de Balenciaga. En 1973, los herederos pusieron a la venta *Cialenga*. Y, a partir de 1978, distintas compañías se fueron sucediendo en la propiedad de los perfumes y de su mano llegaron al mercado *Michelle* (1979), *Portos* (1980), *Prélude* (1982), *Rumba* (1989), *Balenciaga pour Homme* (1990), *Talisman*

(1995) y *Cristóbal* (1998). Luego hubo un parón, hasta que llegó la compañía Coty (¿recuerdan a François Coty, del que les he hablado antes?) y en 2010 lanzó *Balenciaga Paris*. Un apunte personal: ese fue el perfume que yo elegí para casarme un año después, en 2011. Por aquel entonces trabajaba en una revista de moda y cada mes recibía en la redacción decenas de fragancias, prácticamente todas las nuevas que llegaban al mercado, así que, ahora que lo pienso, me parece una señal del destino que optara precisamente por una que llevaba el nombre de Balenciaga (como Carmel Snow y Coco Chanel, yo también soy bastante supersticiosa).

Pero volvamos al perfume original, a *Le Dix*. «Al principio tenía una botella con forma rectangular y tapón redondo, pero pronto desapareció, es un frasco que solo se mantuvo en 1947 y del que hoy solo se conocen diez piezas», concluye el coleccionista francés. En su opinión, Balenciaga tenía una manera de aproximarse a la perfumería muy similar a la de Chanel: «Envases refinados, puros y armoniosos. Frascos geométricos. Y un patrón muy simple para la caja, como ocurría con sus diseños de alta costura, lejos de la opulencia de Dior».

Al igual que Balenciaga, Chanel y Dior, Hubert de Givenchy, a quien he imaginado en este capítulo yendo a felicitar a Cristóbal, tampoco se resistió a probar suerte en el mundo de la perfumería. En 1957 lanzó *L'Interdit*, que aún pervive en la actualidad. Detrás de este nombre se esconde una anécdota que no deja de tener su gracia. Resulta que Givenchy había creado un aroma para su musa, la actriz Audrey Hepburn. Un día, Audrey se dejó olvidado en la *maison* de su amigo un pañuelo perfumado y una clienta, al olerlo, dijo que quería esa fragancia. Hubert le preguntó a la actriz qué le parecería si comercializaba el perfume que había concebido para ella, a lo que la Hepburn repuso: *Je te l'interdis!* (que en español significa «Te lo prohíbo»). Desconozco si Givenchy tuvo que insistirle mucho para convencerla, pero el caso es que acabó lanzando un perfume cuya etiqueta hacía un juego de palabras con esa prohibición. Lo que sí sabemos seguro es que Audrey no se enfadó, pues accedió a protagonizar la campaña publicitaria. Y hablando de campañas publicitarias: me llama mucho la atención que, a pesar de su proverbial aversión a las cámaras, Balenciaga aceptara aparecer —el rostro serio, el mentón apoyado en la mano, la mirada perdida— en el anuncio de *Le Dix*. Pero a estas alturas ya sabemos que él era pura contradicción...

Todos estos apuntes demuestran que la moda no puede entenderse sin las fragancias. Así lo defendía el fotógrafo Cecil Beaton: «El perfume es ornato, lo mismo que el vestido, pero si este es también una protección necesaria contra los cambios del clima, el perfume es exclusivamente un lujo, una expresión inútil pero deliciosa del sentido estético de la humanidad».

# LUJO EMBOTELLADO

## LE DIX

En el universo Balenciaga, nada se dejaba al azar. Todo era refinado, desde las sillas en las que se sentaban las clientas para seguir los desfiles hasta las tipografías impresas en las facturas. Los perfumes no podían ser una excepción. Y no es solo que se cuidara la calidad del jugo, sino también la estética de los envases que lo contenían. En la foto se reproduce la campaña de publicidad de 1954 correspondiente a *Le Dix*, la primera fragancia que comercializó el maestro. En la misma se puede apreciar el detallismo de la etiqueta, el tapón, la caja…

# 7
# EL VESTIDO DE NOVIA DE FABIOLA DE BÉLGICA

## BRUSELAS, 1960

*«La costura es como el mar:*
*siempre distinta*
*y siempre igual».*

E s el 15 de diciembre de 1960; el día ha amanecido frío y neblinoso en Bruselas. Una mujer de nacionalidad española que ya ha cumplido los treinta y dos años avanza por el pasillo central de la catedral de San Miguel y Santa Gúdula para casarse. Va cogida del brazo de Balduino I, rey de los belgas, que a sus treinta es el soberano más joven de Europa; podría decirse también que el de carácter más melancólico. En realidad, ambos ya son marido y mujer, pues acaban de sellar su matrimonio civil en el Salón del Trono del Palacio Real, pero ahora les toca participar en la ceremonia que se celebrará ante Dios, la más importante para ellos, puesto que los dos comparten un profundo sentimiento religioso.

La novia se llama Fabiola de Mora y Aragón. Sus padres son Gonzalo de Mora Fernández, marqués de Casa Riera, y Blanca de Aragón Carrillo de Albornoz, y su madrina es la reina Victoria Eugenia. La joven aristócrata habla cuatro idiomas y ha completado los estudios de Enfermería; quienes la conocen destacan de ella su disciplina y su bondad. Ha salido de Madrid, del palacete familiar que se alza en la calle Zurbano, para convertirse en la esperada sucesora de la reina Astrid, la madre de Balduino trágicamente muerta en un accidente de tráfico cuando este todavía era un niño. En el aeropuerto de Barajas han despedido a la novia muchos compatriotas a quienes ella ha saludado, tímida y sonriente, agitando la mano desde la escalerilla del avión. Y hoy, en su recorrido hasta la catedral a bordo de un coche con capota transparente, multitud de belgas la han esperado en la calle y se han quitado el sombrero en señal de alegría y respeto. Fabiola —que escribe cuentos infantiles y de pronto se ha visto inmersa en uno de ellos, como si fuera Alicia cruzando el espejo— ahora pertenece a dos pueblos distintos, y ese vuelco que ha dado su vida es algo que tiene muy presente mientras se dirige al altar. Mide cada uno de sus gestos, pues sabe que ese momento histórico está siendo retransmitido en directo por la televisión, algo insólito hasta la fecha. Pero cuenta con un arma inesperada para salir victoriosa del trance: su vestido.

No es este un vestido de novia cualquiera: se trata de una creación de alta costura tan bien construida que obra la magia de imprimir majestuosidad a quien la porta. Cuentan que, antes de llegar a este diseño final, la prometida rechazó varios bocetos por considerarlos demasiado regios. A lo que su artífice, que no es otro que Cristóbal Balenciaga, le respondió, cariñoso pero firme:

—Tenga usted en cuenta que este modelo ha de llevarlo una reina.

Y aquí está ahora Fabiola, vestida, sí, de reina.

Se siente protegida dentro de ese caparazón de satén cuyo volumen y textura recuerda al hábito de los frailes retratados con maestría por Zurbarán. Ese tejido, rígido y de un blanco especial, toda una proeza técnica, ha salido de la casa Abraham, con sede en Zúrich. Para realzar su importancia, se ha decorado con piezas de visón colocadas en tres lugares estratégicos: el escote estilo barco, el talle y el contorno del manto que cae desde los hombros y hace las veces de cola, un manto que en estos momentos sujetan diez niños primorosamente ataviados como pajes. Las mangas, de estilo japonés, dejarán al aire los antebrazos de la novia cuando dentro de unos minutos se quite los guantes para intercambiarse los anillos con Balduino. Fabiola no se considera una mujer especialmente guapa —detesta su nariz—, pero hoy no le duelen sus atributos físicos, pues se siente hermosa con este vestido. Además, sabe que le favorece la dicha de estar comenzando un nuevo camino junto al que no duda que será el amor de su vida. La madrileña no podría haberse presentado ante el mundo con un atuendo más acertado que este que cruje levemente mientras ella recorre el pasillo central del templo. De fondo suenan las voces de la escolanía de Santa Gúdula.

Entre los más de dos mil invitados que asisten a la boda en Bruselas destaca una ausencia: la de Cristóbal Balenciaga. El creador del vestido que acapara todas las miradas ha enviado a la capital belga a tres personas de su máxima confianza: su compañero, Ramón Esparza; Felisa Irigoyen, responsable de uno de sus talleres de Madrid, y la oficiala Carmen Carriches.[36] Ellos son sus ojos y sus manos en este día tan señalado. El celo de sus colaboradores es tal que han tenido el vestido de Fabiola colgado toda la noche de una lámpara de araña del Palacio de Laeken y han estado custodiándolo como si fueran soldados en una misión de alto riesgo. Mientras tanto, el diseñador ha preferido mantenerse en un discreto segundo plano, alejado de los focos, como suele ser habitual en él.

Y así, mientras que en el país de la novia se han agotado las existencias de televisores en las tiendas y la nación entera comenta el enlace de Fabiola, a la que todos llaman ya *la reina española de los belgas*, Balenciaga permanece callado y sereno. Él y su equipo han sido capaces de mantener en secreto hasta el final los detalles del vestido pese al acoso de la prensa, enfrentada entre sí en una competición encarnizada para conseguir la exclusiva del atuendo nupcial. Durante el último mes y medio, el modista, que ya tiene sesenta y cinco años, se ha encargado personalmente de hacerle las pruebas a la aristócrata; para ello, la ha recibido varias veces en su piso de la madrileña calle Álvarez de Baena, a resguardo de las miradas indiscretas. En silencio y sin aspavientos, Cristóbal ha pergeñado un vestido que intuye que nunca pasará de moda. No hay trucos para ello, la clave radica en buscar la mayor simplicidad y pureza posible de las formas, ya se trate del vestuario de una futura reina o de la silueta Baby Doll con la que recientemente ha vuelto a revolucionar las pasarelas. Por su mente pasa una reflexión que ha ido aprendiendo con los años: «La costura es como el mar: siempre distinta y siempre igual».

No es el único pensamiento que hoy invade al *couturier*. Su imaginación vuela hasta esos lejanos años de su infancia durante los cuales jugaba en los jardines de Bista Ona con Blanca de Aragón, madre de Fabiola, la Blanca niña nacida en Guetaria igual que él y que un día le guio hasta la última planta del palacio, al lugar donde por primera vez pudo acariciar un vestido de Worth.[37] Cristóbal sonríe y se dirige al mueble bar. Está solo en casa. Se prepara uno de sus famosos dry martinis y brinda consigo mismo por los sueños cumplidos. Lo que es la vida: si Blanca Carrillo de Albornoz nunca le hubiera dado la oportunidad de hacerle un modelo cuando era pequeño, hoy la nieta de la antaño marquesa de Casa Torres no se estaría casando con un vestido suyo. Los destinos de los tres han quedado unidos para siempre por el hilo del azar.

Regresemos a la catedral, porque Fabiola y Balduino ya han llegado al crucero, donde los reciben dos cardenales y un obispo. El espacio se ha decorado para la ocasión con claveles españoles. Ese detalle no pasa desapercibido a una mujer de mirada perspicaz que toma notas en un cuaderno. Se trata de Carmen de Icaza, la hermana escritora de Sonsoles, marquesa de Llanzol, que se ha desplazado a Bruselas como enviada especial de *Blanco y Negro*, el semanario del periódico *ABC*, para cubrir el acontecimiento. «La más bella historia de amor del siglo», ese es el título que ha elegido para la crónica que va a dictar por teléfono a la redacción. Ya hay un helicóptero preparado para trasladar las fotografías de Bruselas a París, donde las recogerá un avión para acto seguido transportarlas hasta Madrid.[38] Carmen va redactando el texto sobre la marcha y se deja llevar por el romanticismo: «Al verla pasar, notamos una intensa palidez en el rostro de Fabiola, y que se apoya con fuerza en el brazo del que, civilmente, ya es su marido —escribe en su libreta—. Balduino y Fabiola simbolizan en este momento mucho más que un rey y una reina: un hombre y una mujer, dispuestos a cumplir un

alto y arduo destino. Y yo miro a Su Majestad la Reina Fabiola, con su dulce y noble porte, de ricahembra nuestra.
Y pienso que, esté donde esté, se hallará maravillosamen-
te en su sitio. Y que en su clara sonrisa habrá siempre un
reflejo de la luz de España».[39]

# LAS NOVIAS

«¿Por qué son tan importantes los vestidos de novia de Balenciaga?», le pregunto a la periodista especializada en moda Isabel Vaquero, con quien trabajé hace años en la revista *Marie Claire* y que actualmente imparte clases a los alumnos de los másteres de Condé Nast, empresa editora de *Vogue*, entre otras publicaciones. Isabel me responde que en los diseños nupciales el modista llevó al culmen su maestría en el corte. «En ellos abstrajo todo lo que aprendió de Madeleine Vionnet, que tenía una mente matemática», añade, en referencia a la diseñadora francesa nacida en 1876 a la que idolatraba el creador vasco y de la que también me ha hablado Caprile. Isabel me muestra una foto de uno de los vestidos de novia más icónicos de Cristóbal, creado en 1967, que parece un hábito de monja y cuyo tocado también podría estar inspirado en los gorros de pescador que él veía de niño en Guetaria. «Hacer un vestido minimalista como este es muy exigente, porque no puede tener ni un solo fallo ni debes ver una sola costura», me explica entusiasmada. Para abundar en su argumento, Isabel me recuerda esta cita de la editora Carmel Snow: «Nada es tan misterioso como la simplicidad».

Ya que estamos hablando de vestidos de novia, no me resisto a contactar con la empresaria española que ha sido capaz de levantar todo un imperio en torno a esta prenda: Rosa Clará. Ella enseguida saca a colación el mismo diseño que ha remarcado Isabel. «Con la técnica del pinzado, refleja el dominio de la forma de Balenciaga, su gusto por el minimalismo más austero, su capacidad innovadora. A la vez, es un espejo del estilo futurista de la época, especialmente acompañado por el original tocado-visera que décadas después reinterpretaría Nicolas Ghesquière al frente de la dirección creativa de la firma», señala Clará. Pero hay una razón más por la cual ese vestido resulta tan sorprendente: está realizado con zagar, una derivación del gazar, tejido que Balenciaga ordenó que le confeccionaran en la casa suiza Abraham, propiedad de su amigo

Gustav Zumsteg. El gazar es parecido a la seda pero más rígido, lo cual le permitía construir volúmenes rotundos y formas escultóricas. O sea, que él se procuraba los materiales más innovadores y luego los moldeaba a su antojo. De pronto recuerdo una frase célebre de Dior: «Nosotros hacemos con las telas lo que podemos. Cristóbal Balenciaga hace lo que quiere», decía el francés, con una humildad notable.

Pero volvamos al vestido de Fabiola, a ese «milagro de construcción», tal y como lo definió Hubert de Givenchy en una entrevista. Para Rosa Clará, esa creación supuso un antes y un después en el mundo de la costura nupcial. «Pasado más de medio siglo, sigue cautivando por la pureza de líneas y su elegancia atemporal, con su cuerpo entallado, la falda amplia fruncida y la tiara de visón blanco que bordea el escote y la capa, un guiño al gusto personal de la novia. Su original cola-manto, que cae desde los hombros al estilo Watteau, añade el toque regio necesario a un vestido de aparente sencillez pero exquisito diseño que ha pasado a convertirse en historia de la moda», me cuenta. Según Clará, el manto que hace las veces de cola se copió en la década de los sesenta «hasta la saciedad» y hoy en día «sigue siendo un estilo demandado entre las novias». Por cierto, ¿saben quién restauró el vestido de la reina belga? Pues ni más ni menos que Lorenzo Caprile, según me confirma él mismo: «Ese trabajo me lo encargó Sonsoles Díez de Rivera en nombre de la Fundación Balenciaga. La verdad es que cuando llegó a mis manos estaba bastante bien conservado. El trabajo principal consistió en recuperar el borde de visón, que se había sustituido por un peluche artificial, no sé por qué motivo, quizá porque lo habían mandado a alguna exposición... Pudimos hacerlo gracias a la generosidad de la Asociación Nacional de Peleteros, que nos donó unos lomos de visón blanco. Aparte de eso, solo tuve que repasar algunas costuras».

Ya que mencionamos a Sonsoles Díez de Rivera, no podemos olvidar que su vestido de novia también ha quedado de inspiración para las generaciones futuras. Si Balenciaga vistió a Fabiola de reina para su gran día, a Sonsoles la convirtió un poco antes, en 1957, en una Virgen andaluza. «Eso fue lo que me dijo, al verme tan morena, que era como las vírgenes de Sevilla en Semana Santa», recuerda la interpelada. «Hizo un maniquí de mi cuerpo y viajaba con él a todas partes», añade, lo cual nos da una idea de la obsesión del maestro por adaptarse a las características específicas del físico de cada clienta. El vestido de Sonsoles es una auténtica maravilla: sigue la línea pavo real (más corto por delante que por detrás) y está elaborado en shantung de seda con hilos de plata. Ahora que lo pienso, Díez de Rivera debe de ser una de las pocas mujeres del mundo que pueden presumir de haber vestido de Balenciaga tanto el día de su primera comunión como el de su boda...

Vamos con más novias que pusieron a prueba el ingenio de Balenciaga. Repasando libros y archivos me entero de que una chica llamada Carmen Alústiza se topó con el contratiempo de que su novio se negaba a llevar chaqué el día de la boda, así que a ella no le quedaba más remedio que escapar del típico vestido blanco, para no desentonar. Dicho y hecho: en los talleres de San Sebastián le confeccionaron un diseño en gasa de seda con un estampado de flores que la tal Carmen —la cual debía de andar sobrada de personalidad— lució junto a una amplia pamela. El vestido de Rosario de Aranguren y Palacio, condesa de Monterrón, tampoco la hizo pasar desapercibida: llevaba una sobrefalda que se fruncía en la espalda, imitando al polisón que llevaban las mujeres en el siglo XIX aunque ella se fuera a casar en 1945.

En otras de sus creaciones nupciales, el diseñador incorporó la típica mantilla española, en blanco. Según la historiadora de moda Emmanuelle Dirix, las referencias religiosas son habituales en sus siluetas en general y en las de novia en particular: «El compromiso de Balenciaga con el catolicismo iba más allá de la cultura que había conocido desde que era un niño; las referencias al arte español y, en concreto, al arte religioso, siempre estaban muy presentes en sus obras», escribe en el *Pequeño libro de Balenciaga*. Hablando de religión y vestimenta: el Metropolitan Museum of Art (Met) de Nueva York organizó en 2018 una exposición, titulada *Heavenly Bodies,* que exploraba los vínculos entre la imaginería católica y la moda. En ella se podían contemplar desde trajes de Versace y Dolce & Gabanna inspirados en las iglesias bizantinas hasta una creación de Thierry Mugler emulando al arcángel Gabriel o una reinterpretación de la Madonna medieval a cargo de Yves Saint Laurent. Pues bien, el Met también incluyó los diseños que hizo Balenciaga para el Orfeón Donostiarra, así como el vestido de novia inspirado en los hábitos de las monjas que tanto alaban Isabel Vaquero y Rosa Clará.

A modo de cierre de este capítulo podemos concluir que el diseño que Cristóbal

Balenciaga le hizo a Fabiola para que lo luciese aquel 15 de diciembre de 1960 fue una bendición para la entonces novia, pues tuvo un matrimonio feliz que se prolongó durante más de tres décadas: hasta 1993, cuando Balduino falleció en Motril (Granada). El día del funeral de su esposo, *la reina española de los belgas* volvió a vestirse de blanco, un símbolo de su fe en la resurrección. La religiosidad era algo que Fabiola tenía en común con Cristóbal, quien siempre encontraba tiempo para asistir a misa, cuando vivía en París, en la iglesia de Saint Pierre de Chaillot.[40] Como decía Givenchy, él siempre «se mantuvo firme en su fe».[41]

# MÁXIMA SIMPLICIDAD

## TRAJE NUPCIAL

«Balenciaga creó vestidos de novia maravillosos», me explica Rosa Clará. «Sin duda, el realizado en 1967 en gazar de seda, que mostró en su último desfile en París, es uno de mis favoritos por su diseño rompedor e inmaculado». En la foto aparece el modelo al que se refiere la empresaria, que visto desde atrás recuerda al hábito de una monja. Algunos expertos comparan el tocado no solo con los de las religiosas, sino también con los gorros tradicionales de los pescadores vascos. El efecto es de una enorme simplicidad, aunque hacer algo así resulta, técnicamente, muy complejo.

# 8
# EL FIN DE LA ERA BALENCIAGA

## PARÍS, 1968

*«A mi edad uno todavía puede cambiar de vida, pero no de oficio».*

U n mural de grandes dimensiones nos recibe nada más cruzar la puerta del apartamento parisino de Balenciaga. De las paredes del salón cuelgan un cuadro de Braque, varios apuntes de Giacometti y una fotografía que refleja el paisaje sobrio de Igueldo. Sobre el escritorio, situado junto a una estantería repleta de libros perfectamente ordenados, yace en estos momentos un ejemplar de *Vogue* abierto por una página que muestra a una modelo luciendo la primera colección de André Courrèges, el mismo Courrèges que en otros tiempos fue asistente en el atelier del modista español y que ahora ya vuela solo. La modelo fotografiada lleva un top que deja el ombligo al aire.[42] Cristóbal se levanta de la silla en la que está sentado, mira la revista de reojo —observa ese orgulloso ombligo descubierto— y repasa mentalmente sus propias creaciones. La silueta Túnica, ese diseño en dos piezas de líneas rectas que libera el cuerpo bajo la tela, sin constreñirlo. Y el vestido Saco, que solo se ajusta por debajo de las rodillas y que, más que una prenda, parece una obra arquitectónica. Y el Baby Doll, esa metáfora de las muñecas en la que igualmente es imposible adivinar dónde se encuentra la cintura. Su estética ha ido evolucionando hacia formas cada vez más abstractas. El mundo también ha evolucionado, pero no sabe muy bien hacia dónde.

Suspira, cierra la revista y la lanza lejos de sí, hasta hacerla aterrizar sobre una butaca.

A su memoria viene el recuerdo de otro de sus antiguos aprendices, Emanuel Ungaro, que ha sacado hace pocos años una colección en la que no hay atisbo alguno de los atuendos de noche, pues la agenda social ya no es lo que antaño era. Y desde Londres le llegan a Balenciaga ecos de una tal Twiggy, una chica de pelo corto y rostro aniñado que está cosechando un éxito formidable porque sale en las portadas con minifalda y unas inesperadas pestañas postizas que se alargan hasta el infinito. Las nuevas generaciones de diseñadores abrazan sin reparo algo que se ha dado en llamar *prêt-à-porter*, es decir, listo para llevar, como si en vez de moda habláramos de una pizza en la que idéntica receta sirviera para contentar a todos los paladares. Lo peor de todo es que la fórmula funciona, porque las hijas de sus clientas no muestran apenas interés por la alta costura. Algunas de ellas, de sus clientas más próximas, se han aventurado a preguntarle si no se animará él también con el *prêt-à-porter*, a lo que el vasco ha respondido, con sequedad:

—Yo no me prostituyo.

Cristóbal bebe un sorbo del café que se ha servido él mismo en una taza de delicada porcelana y vuelve a dejarla sobre la bandeja, primorosamente cubierta por un tapete de lino. Pasea por la estancia, con las manos cruzadas en la espalda, hasta que se detiene y aparta las pesadas cortinas para asomarse a la ventana. El orden impecable de su apartamento, decorado con muebles de estilo Luis XVI y en el que predominan las tonalidades verdes, contrasta con el caos de allá afuera.[43] Hay barricadas en la calle. Corre el mes de mayo de 1968 y los estudiantes universitarios han salido en tromba para reivindicar un sistema nuevo. «¡Prohibido prohibir!», gritan. Se enfrentan a la policía, arrancan el pavimento con furia y proclaman: «¡Bajo los adoquines, la playa!». Suelen reunirse al otro lado del Sena, en lugares tan bellos como el Café de Flore o la Brasserie Lipp. Balenciaga siente que esa realidad que pasa ante sus ojos ha dejado de pertenecerle. Lleva más de cinco décadas trabajando a destajo y su ritmo de producción ha llegado a superar en algunos momentos las seiscientas creaciones anuales. Realiza más de ciento cincuenta pruebas diarias. Ha cumplido ya los setenta y tres años, nota cómo el reumatismo le va anquilosando las manos y, sencillamente, está exhausto.[44]

Además, hoy es más consciente que nunca de que el tiempo vuela, como atestigua de manera profética su perfume *La Fuite des Heures*. Ya casi no recuerda las líneas armónicas del rostro de Wladzio. Y él no es el único que le falta ahora. Agustina, su hermana fiel, murió hace un par de años. Dior, que llegó tarde a la alta costura, se fue pronto de ella, y tras su fallecimiento repentino un joven llamado Yves Saint Laurent asumió la dirección creativa de su casa, como si fuera posible usurpar la identidad de otro.[45] Tampoco está ya Carmel Snow, la editora que tanto elogió su trayectoria. Su universo se desmorona poco a poco.

Claro que no todo son malas noticias. El Gobierno francés acaba de otorgarle el título de Caballero de la Legión de Honor por los servicios prestados a la industria de la moda. Aún recuerda cuando, durante la Segunda Guerra Mundial, Hitler envió a seis alemanes a su *maison* para persuadirle con malos modos de que la alta costura debía trasladarse de París a Berlín, a lo que él les respondió, irónico:

—Por supuesto, señores. Y de paso llévense ustedes también las corridas de toros españolas y pongan a los alemanes a torear, a ver qué tal se les da.[46]

La distinción como Caballero de la Legión de Honor, en todo caso, le suena a despedida, porque ese reconocimiento se le antoja como el ramo de flores que entregan a las actrices de teatro antes de que se baje el telón por última vez. ¿Acaso ha terminado también su espectáculo?

Se va a la cama, sobre cuyo cabecero hay un crucifijo, e intenta dormir. Alisa las sábanas con la palma de la mano, ahueca la almohada, cambia de postura una y otra vez. Un pensamiento cruza su mente: «A mi edad uno todavía puede cambiar de vida, pero no de oficio».

Ay, el oficio. *Le métier.* Aunque nunca ha llegado a dominar del todo el idioma francés, esa palabra la utiliza a menudo, porque siempre se ha visto a sí mismo como un artesano. Puede cambiar de vida, sí, pero ya es tarde para abrazar un nuevo *métier.*

Da vueltas en la cama y las preocupaciones siguen acosándole. Sí, las tendencias en la calle han cambiado, y luego está, claro, la cuestión económica. Los pagos a la Seguridad Social se han disparado. La confección de la alta costura se ha convertido en un lujo difícil de afrontar.[47] Sobre todo la que lleva su nombre, *le plus cher et avec la clientèle la plus riche,* el más caro y con la clientela más rica, como se ha dicho siempre en los ambientes exclusivos de París. Enciende la lámpara de su mesilla y enfoca su mirada hacia el techo, resignado al fin a pasar la noche en vela. Debe tomar una decisión urgente.

Unos cuantos días después, se reúne con sus colaboradores más estrechos en la *maison* de la avenue George V. Les informa sin prolegómenos de que va a cerrar los talleres, primero los de Francia y a continuación los de España. Todos los trabajadores recibirán su correspondiente indemnización, de eso pueden estar seguros, y una vez que haya arreglado los asuntos burocráticos regresará a San Sebastián. No hay vuelta atrás. El anuncio cae como una bomba y Hubert de Givenchy, al enterarse, trata de disuadirle. Pero la decisión es irrevocable. «Hubert, querido amigo, diré a mis clientas que a partir de ahora vayan a su *maison* a vestirse», le promete. No hay ruedas de prensa ni fiestas de despedida ni discursos públicos y, aun así, la noticia corre como la pólvora. «Balenciaga decide dejarlo y la moda ya nunca volverá a ser la misma», publica un periódico. «Balenciaga, *c'est fini*», resume otro. «El Rey abdica», proclama un tercero.

Danielle Slavik ya ha leído todos esos titulares cuando le entregan la carta firmada por Mademoiselle Renée, la encargada de dirigir a las quinientas personas que actualmente conforman el complejo entramado de la *maison*. A Danielle, que nunca se cansa de repetir que monsieur cambió su vida al contratarla como modelo, se le caen las lágrimas cuando repasa las frías palabras mecanografiadas sobre el papel:

*Señorita:*

*Lamentamos comunicarle por la presente que nos hemos visto obligados a tomar la decisión de despedirla con fecha de 1 de junio por cese de actividad.*

La maniquí aún está tratando de contener el llanto, apoyada en una de las paredes de la *maison*, cuando Cristóbal pasa a su lado. No se detiene a consolarla, solo le dice con frialdad:

—Vaya al taller y llévese todos los vestidos que quiera.[48]

En vez de eso, Danielle coge su bolso, avisa a varias compañeras y juntas se dirigen a una joyería cercana. Allí, en fila frente al mostrador, eligen un regalo de despedida. Se decantan por una cajita de plata y piden que se grabe sobre su tapa las iniciales *C. B.* Algo que destile sencillez, que es donde reside el buen gusto, tal y como su mentor les ha enseñado.

A más de mil kilómetros de distancia, en la isla italiana de Capri, una camarera de hotel escucha salir un grito desesperado de una de las suites. En su interior se aloja la condesa Mona Bismarck, conocida en la alta sociedad internacional por su belleza legendaria —la piel pálida, el cabello con reflejos plateados, los ojos azules— y por su afición a casarse con hombres ricos. También por dejarse retratar por Cecil Beaton vestida con los fondos de su extraordinario guardarropa, en el que se acumulan decenas de diseños del modista español que ha logrado reinar en París, además de creaciones de otros grandes nombres de la moda, de Fortuny a Vionnet. La glamurosa huésped acaba de recibir una llamada desde la recepción del hotel de su amiga Diana Vreeland, con quien está pasando unas vacaciones.

—Que sí, Mona, te lo aseguro, lo están diciendo ahora mismo en la radio: ¡cierra Balenciaga! ¡Cierra para siempre! —anuncia Diana atropelladamente—. ¿Te lo puedes creer?

—¡No puede ser! —exclama la condesa, que es originaria de Kentucky pero se las ha arreglado para encarnar como nadie el *allure* francés, hasta el punto de que Cole Porter le ha dedicado una canción para ensalzar su elegancia suprema.

Mona se niega a bajar a cenar, pese a la insistencia de Diana. No saldrá de su habitación esa noche y tampoco durante los tres días siguientes. Para ella es el fin de una era y necesita llorar por los tiempos que nunca volverán.[49]

# EL LEGADO

Aunque, según la antigua jefa de los archivos de la *maison*, Balenciaga llegó a decir que diseñar *prêt-à-porter* era «prostituirse», lo cierto es que él sí hizo una incursión en este ámbito. Fue en 1968, cuando firmó los uniformes de las azafatas de Air France, que se mantuvieron vigentes durante una década. Pero debió de darse cuenta de que ese no era su sitio, y la decisión de clausurar sus casas de moda resultó irrevocable.

El 23 de junio de 1968, un mes después del cierre, la escritora y jurista Mercedes Formica firmaba en el periódico *ABC* un artículo en el que confesaba la «melancolía» que le había producido esta noticia. «Es posible que su sensibilidad no haya resistido la avalancha sin armonía que hoy preside en la industria de la costura [...] —anotó, para añadir a renglón seguido—: Con la marcha de Balenciaga se va el último vestigio de un mundo que desaparece». Tres años más tarde, la periodista Prudence Glynn volvía a reivindicar su figura desde *The Times*: «En la moda de la posguerra Dior se convirtió en un apellido familiar gracias a la influencia del New Look, pero según los puristas solo había una figura ante la cual inclinarse: Cristóbal Balenciaga».

Casi medio siglo después, son legión los que se siguen inclinando ante él. ¿Por qué? ¿Cuál ha sido su legado?

Stéphane Rolland me lo resume en unos cuantos términos que no pueden estar mejor escogidos: «Lógica, simplicidad, cartesianismo, pureza y la quintaesencia del rigor español, como una pintura de Goya». El mundo de Balenciaga, como se señalaba en aquella crónica de *ABC* de los años sesenta, se ha desvanecido, pero aún sigue habiendo quien defiende el baluarte de la alta costura, como el propio Rolland. «La alta costura todavía está aquí, pero evoluciona con su tiempo —analiza el diseñador francés—. Las mujeres han cambiado, sus necesidades han cambiado… pero el deseo de exclusividad y refinamiento sigue muy presente. La alta costura está prosperando, y las nuevas generaciones continúan perpetuando las tradiciones... ¡hay que seguir educando a los nuevos entusiastas!».

A esa labor educativa ha contribuido en España Jesús Mari Montes-Fernández, el periodista responsable de que la moda haya tenido su espacio en la televisión pública durante las tres últimas décadas (en 1993 empezó a llevar esa sección en el programa *Corazón, corazón* y en 2011 se puso al frente de *Flash Moda*). «A todos los diseñadores a los que he entrevistado a lo largo de mi carrera siempre les he hecho la misma pregunta: "¿Quién ha sido el más grande?". El nombre que me dan no es el de Worth, el inventor de la alta costura, ni el de Dior o Chanel, ni ningún otro, sino el de Balenciaga. ¡Me lo han dicho todos! Donna Karan, Tommy Hilfiger, Elie Saab, Yves Saint Laurent, Óscar de la Renta, Paco Rabanne, Carolina Herrera, Jean-Paul Gaultier, Calvin Klein, Zuhair Murad...

¡Todos!», me cuenta por teléfono. Montes-Fernández destaca la disciplina del guipuzcoano. «Trabajaba sin descanso. Pertegaz era igual; cuando hizo el vestido de novia de la hoy reina Letizia, me concedió una entrevista en exclusiva: era una persona capaz de pasarse una semana entera con una sola manga». Según el periodista, el mayor éxito de Balenciaga ha sido que, por muchos años que pasen, sus creaciones siguen siendo actuales. Algo que corrobora Rosa Clará: «La simplicidad formal de Balenciaga es una inspiración eterna que sigue marcando a muchos diseñadores, yo incluida», me reconoce.

La investigadora Ana Balda me aporta una reflexión similar: en su opinión, el mundo de la moda continúa viviendo todavía hoy de los patrones del diseñador vasco. «El mayor legado de Balenciaga es su grado de innovación, su nivel de perfección, el buen uso de los tejidos... Él jugaba en otra liga, en la que los estándares de diseño y calidad eran altísimos», apunta.

La periodista Lola Gavarrón también subraya la excelencia del creador guipuzcoano: «Realmente él dio más de lo que recibió, porque esa búsqueda de lo absoluto no se paga con dinero». Lorenzo Caprile, por su parte, tiene muy clara cuál fue la principal enseñanza que dejó. Él se refiere a la enseñanza que deberían absorber las nuevas generaciones de modistas, pero yo me pregunto si no podríamos extrapolar la lección al conjunto de la sociedad. Lean: «El valor de Balenciaga es la constancia. El rigor. La disciplina. La autoexigencia. El no conformarse: cuando algo nos sale mal, hay que repetirlo las veces que haga falta».

De ese «no conformarse» puede dar fe Fernando Lemoniez, que se ha pasado los últimos diez años estudiando los secretos que esconden esos diseños de Balenciaga que él ha heredado de su tía abuela. «Por ejemplo, ahora llevo varios meses con un vestido que tiene una espalda muy especial, porque lleva un tablón y una martingala.

Le he dado la vuelta al vestido y he descosido el forro para analizar cómo lograba realizar ese tablón de una manera tan pura, tan sutil», explica con emoción. Este diseñador cree que la mejor manera de recordar al maestro es así, deshaciendo sus creaciones para estudiarlas. Para Lemoniez, la mejor colección de Cristóbal fue la del otoño-invierno de 1967, la penúltima que hizo, «porque con ella alcanzó el summum de la abstracción y el dominio absoluto de su técnica».

Cuando les planteo tanto a Fernando Lemoniez como a Lorenzo Caprile, durante las respectivas entrevistas que he mantenido con ellos en persona, si se consideran herederos de Balenciaga, casi se escandalizan ante mi pregunta. Ambos niegan con la cabeza y hacen aspavientos.

—¿Heredero yo? ¡En absoluto, para nada! Ojalá. No le llego ni a la suela del zapato —responde Caprile.

Y Lemoniez apostilla, tras beber un sorbo de agua y esbozar una sonrisa:

—La palabra «heredero» apunta a alguien que recibe su sabiduría y su saber hacer. A día de hoy, ni yo ni nadie hemos logrado eso.

# PENSAR EL FUTURO

## BABY DOLL

Cristóbal Balenciaga fue evolucionando hacia formas cada vez más innovadoras. Si en 1955 lanzó la silueta Túnica, en 1957 se atrevió con la Saco y en 1958 concibió la Baby Doll. A esta última línea pertenece la prenda de la derecha, un abrigo de cóctel elaborado en raso de color fucsia. Como se puede apreciar en la imagen, la cintura desaparece por completo, pues el modista proponía dejar espacio libre entre la prenda y el cuerpo de la mujer. Por ideas como esta, en su época se decía que estaba marcando el futuro de la moda.

# EPÍLOGO

# REGRESO A GUETARIA

A principios de los años setenta del siglo pasado, Cristóbal Balenciaga recibió una llamada en su casa de Igueldo procedente del Palacio del Pardo. Se trataba de un encargo: debía confeccionar el vestido de Carmen Martínez-Bordiú —nieta del entonces jefe del Estado, el dictador Francisco Franco— de cara a su próximo enlace matrimonial con el duque de Cádiz, Alfonso de Borbón. Aunque la abuela de la novia, Carmen Polo, había sido clienta del diseñador guipuzcoano desde antes de la guerra civil, fue la protagonista quien eligió a Balenciaga, según me confirma ella misma a través de un mensaje de WhatsApp: «Fui yo la que quiso que él me hiciera el vestido. Todas las pruebas las hizo Balenciaga personalmente y, como era muy meticuloso, lo recuerdo como una tortura porque ¡eran eternas!». También me cuenta que durante aquellas sesiones hablaban poco, debido al carácter del modista: «Era una persona muy introvertida, pero de una gran amabilidad».

La boda se celebró el 8 de marzo de 1972 en la capilla de El Pardo. Las fotos de la época nos muestran a una jovencísima Carmen Martínez-Bordiú (acababa de cumplir veintiún años) radiante con su vestido de raso de manga larga sobre el que destacaban los bordados de flores de lis, motivo del blasón de la Casa de Borbón. El traje se

completaba con un manto de siete metros de largo. Cristóbal no asistió al enlace, siguiendo su costumbre de decli-
nar la invitación a todas las bodas de *sus* novias, pero dicen que se quedó satisfecho (o, al menos, todo lo satisfecho
que podía estar un hiperperfeccionista como él) con el
resultado de esa creación, que acabaría siendo la última,
ya que solo quince días después de la ceremonia, el 23 de
marzo, el diseñador falleció de manera repentina. Carmen Martínez-Bordiú se enteró de la noticia durante su
luna de miel y hoy me reconoce que siente «un gran orgullo» al recordar que el modista elaboró su última obra
pensando en ella.

Balenciaga murió a los setenta y siete años de edad.
Estaba pasando un tiempo de descanso junto a Ramón Esparza en el Parador de Jávea (Alicante), localidad que le
había conquistado por su paisaje y su clima más benévolo
que el vasco —y donde vivía su amigo Luis Calparsoro,
a quien había ido a visitar, según me confirma Fernando
Lemoniez— cuando sufrió un ataque al corazón. Le tras-
ladaron al sanatorio de la Sagrada Familia de Valencia, en
cuya unidad de cuidados intensivos fue ingresado y donde
le asaltó un segundo paro cardiaco que le produjo la muerte.[50] Una de las personas que recibió la noticia con desolación fue su amiga Sonsoles de Icaza, marquesa de Llanzol.

«Mi padre acababa de morir apenas un mes antes y Balenciaga le había dicho a mi madre: "No te preocupes, que ahora vamos a viajar tú y yo a París"», recuerda Sonsoles Díez de Rivera. «La muerte de Cristóbal fue un momento de muchísimo shock», añade. Madre e hija acudieron al entierro que tuvo lugar el 25 de marzo en Guetaria, al que también asistieron Hubert de Givenchy y el compañero de este, Philippe Venet, así como los diseñadores Emanuel Ungaro y Pedro Rodríguez y el escultor Eduardo Chillida, entre otras personalidades, además de familiares, clientas y empleados. «Todos te lloramos», podía leerse en las páginas del diario *El Correo*. La periodista Natalia Figueroa —esposa del cantante Raphael y cuyos padres habían sido amigos de Cristóbal— le dedicó una emocionante carta de despedida en *ABC*: «Ya no te tengo», escribió. Yves Saint Laurent envió una corona de flores desde París.

El diseñador no dejó testamento, pero su legado se honró a modo de obituarios que recorrieron distintos puntos del planeta. El periódico *The New York Times* sacó en portada el siguiente titular: «Balenciaga, *couturier,* ha muerto». Otra publicación americana, *Women's Wear Daily,* fue mucho más categórica: «El Rey ha muerto». Y en el *Evening Standard* de Londres se lamentaron de que la moda ya nunca volvería a ser la misma. Paralelamente, se produjo una cascada de declaraciones para elogiar su trabajo; por ejemplo, Óscar de la Renta (que había colaborado con él como ilustrador en los años cincuenta), señaló a la prensa que Balenciaga era en su opinión el único diseñador que nunca había hecho nada de mal gusto.

Desde entonces, cada 23 de marzo se depositan flores blancas en el panteón en el que el modista descansa junto a otros miembros de su familia. La lápida de granito negro coronada con una cruz bajo la que yacen los restos de Balenciaga es tan sobria como lo fue su trayectoria vital. El hombre que triunfó a lo grande en París, el mismo que vistió a aristócratas, multimillonarias y actrices, está hoy enterrado al lado de hombres y mujeres de su pueblo, hombres y mujeres con apellidos como Garmendia, Iribar, Zubizarreta, Larrañaga, Ibarbia, Uranga... Desde su tumba en el cementerio de Guetaria, situado en lo alto de una colina, se pueden contemplar los extensos viñedos de txacoli. También se vislumbra el mar.

Allí, en su localidad natal, se inauguró en 2011 el Cristóbal Balenciaga Museoa, una institución que actualmente alberga más de cinco mil piezas entre vestidos, sombreros, fotografías, bocetos... El edificio del museo está anexo al Palacio de Aldamar, en el que empezó todo. Paseo por sus inmediaciones el 21 de enero de 2023, exactamente ciento veintiocho años después del nacimiento del modista. No ha sido algo planificado: no me doy cuenta de esa casualidad —de que he llegado al pueblo de Balenciaga justo el día de su cumpleaños— hasta que recorro sus calles y repaso mis notas.

La jornada ha amanecido fría y soleada. Los guetarianos se abrigan con plumíferos; un par de hombres pasan por delante del frontón cubiertos con txapela. Dejo atrás la calle Aldamar, que antiguamente se llamaba Zacayo y era donde vivía Cristóbal de niño, aunque ya no queda ni rastro de aquella casa de paredes de mampostería; un vecino me cuenta que se derribó debido a su mal estado. En el solar donde se ubicaba el hogar del diseñador se ha levantado una nueva construcción y en uno de sus muros se ha colocado una placa en la que puede leerse: «Cristóbal Balenciaga (1895-1972). En esta casa nació el célebre modisto». La frase se repite en euskera, francés e inglés.

Para llegar al museo desde el casco viejo se pueden tomar unas escaleras mecánicas y de este modo aliviar la cuesta que Martina y su hijo subían andando para atender los encargos de la marquesa de Casa Torres. A los pies de Bista Ona hay cinco alcornoques, con sus troncos de tacto acorchado. Las contraventanas de madera están cerradas a cal y canto. La propietaria del establecimiento de agroturismo en el que me alojo me ha contado que cuando ella era pequeña, a principios de los años noventa, solía jugar al escondite con su cuadrilla dentro del Palacio de Aldamar, entonces abandonado y lleno de telarañas. Hoy las cosas son diferentes, ya que la construcción ha sido rehabilitada para convertirse en la sede de la Fundación Balenciaga y ningún niño intentaría siquiera colarse en su interior. La arquitectura clásica del palacio contrasta con la modernidad del bloque de vidrio que se le ha añadido a modo de prolongación, supongo que en un intento de que Balenciaga no solo sea pasado sino también futuro. A las once de la mañana en punto suenan las campanas de la iglesia de San Salvador —la misma en la que bautizaron a Cristóbal, la misma en la que se casaron sus padres, la misma en la que escuchaba misa la marquesa de Casa Torres— y el museo abre sus puertas. Desde el interior del mismo es posible contemplar la bahía. Entonces recuerdo que Bista Ona significa Buena Vista en euskera.

Una de las cosas que más me han sorprendido durante la investigación de este libro es el enorme respeto con el que hablan de Balenciaga quienes han tenido contacto —directo o indirecto— con su persona o con su obra. En las entrevistas, algunos han llegado a revelarme ciertos detalles que prefieren que no se sepan, para que no se desvirtúe su figura. Mi oficio de periodista me empuja a contar todo lo que llega a mis oídos, pero mi vocación de escritora me recuerda que los grandes personajes siempre han de mantener secretos, de modo que he acabado por convertirme en una suerte de cómplice de esos fieles guardianes de la memoria de Cristóbal. El enigmático influjo de Balenciaga ha acabado por imbuirme a mí también.

Y no soy la única. En el cuestionario que le envié por correo electrónico al actor Alberto San Juan incluí una pregunta que casi me daba vergüenza hacerle, por si me tomaba por una chiflada. Le planteaba si le había ocurrido igual que a mí, si después de pasar tanto tiempo en la piel de Cristóbal —en mi caso, a través de la escritura; en el suyo, con la actuación— había acabado enamorándose de él. No elegí ese término, «enamoramiento», al azar: era exactamente lo que quería decir. La respuesta de Alberto me sacó una sonrisa:

—Sí. Ha sido medio año juntos, día a día. Le quiero mucho.

La moda no existe solo en los vestidos. La moda está en el aire, nace en el viento, puedes sentirla, puedes respirarla, está en el cielo y en la carretera, está en todas partes, tiene que ver con las ideas, con las costumbres sociales, con los acontecimientos.

GABRIELLE CHANEL,
(cita recogida en el libro *The World According to Coco*)


En realidad, todo lo que sé, veo o entiendo; en una palabra, todo en mi vida, se transforma en vestidos. Los vestidos son mis quimeras.

CHRISTIAN DIOR,
(del libro *Christian Dior y yo*)


El éxito en la moda se basa en mucho más que en tener habilidad con las tijeras y las telas. Supone estar metido en el pulso de los tiempos.

CARMEL SNOW,
(extracto del discurso pronunciado en 1955 ante los alumnos del Drexel College of Home Economics)

# APUNTES SOBRE LO QUE BALENCIAGA DIJO

En mi biblioteca particular guardo un librito de la editorial Thames & Hudson forrado en tela negra cuyo contenido se dedica exclusivamente a recopilar frases célebres de Coco Chanel. Al hojearlo pienso que sería imposible publicar un trabajo similar sobre Cristóbal Balenciaga: como el modista de Guetaria apenas se prodigaba en público y únicamente concedió dos entrevistas en toda su vida, resulta muy complicado obtener declaraciones suyas. Las ocho citas que abren cada uno de los capítulos de *El enigma Balenciaga* son, por tanto, pequeñas joyas que deberíamos atesorar para la posteridad. Todas ellas están documentadas, según explico a continuación.

**«Creo que puedo».**
Son diversas las fuentes que ponen esta frase en boca de un Cristóbal niño al encontrarse con su mecenas. Así lo

relató, por ejemplo, la que años después se convertiría en clienta y amiga del diseñador, Pauline de Rothschild, en la semblanza que le dedicó a Balenciaga: «Un día él la paró, y le preguntó si podría hacerle un traje. El chico tenía unos trece años, con pelo oscuro y ojos aún más oscuros, y la sonrisa que mantendría durante toda su vida. ¿Por qué quieres hacer eso?, preguntó ella. Porque creo que puedo, respondió él». La editora de moda Bettina Ballard, por su parte, alude en sus memorias a una afirmación ligeramente diferente. Según ella, lo que le dijo Cristóbal a la marquesa de Casa Torres fue esto: «Puedo coser. Podría copiar el traje que lleva puesto si tuviera la tela».

**«Dame un cuerpo imperfecto y lo haré perfecto».**
Esta es una de las frases que más solía repetir el diseñador, según le contó una de sus vendedoras de París, Florette Chelot, a Mary Blume, autora del libro *Balenciaga. The Master of Us All. His Workrooms, His World.*

**«Un modisto debe ser arquitecto de la forma, pintor para el color, músico para la armonía y filósofo para la medida».**
La cita aparece destacada exactamente así en una de las paredes del Museo Cristóbal Balenciaga de Guetaria. Se trata de su reflexión más popular. «A menudo le repetía a

Gustav Zumsteg, el fabricante textil suizo, que un buen modista tenía que ser un arquitecto, un escultor, un pintor, un músico y un filósofo, todo en uno. De lo contrario, no podría lidiar con los diferentes problemas de planificación, forma, color, armonía y proporción», abunda Lesley Ellis Miller en su libro *Cristóbal Balenciaga (1895-1972)*.

**«Señora, yo no soy el culpable de su estado».**
Son las palabras que dirigió el diseñador a la marquesa de Llanzol, según me ha confirmado la hija de esta, Sonsoles Díez de Rivera, en una de las varias conversaciones que he mantenido con ella a lo largo de la redacción de este libro. Tal salida demuestra que Cristóbal, a quien todas las crónicas le presentan tan serio, también tenía un gran sentido del humor.

**«Nadie se imagina lo duro y agotador que es este oficio, a pesar de todo el lujo y el glamour. De verdad, *c'est la vie d'un chien!*».**
Declaración al periódico inglés *The Times*, dentro de un artículo publicado el 3 de agosto de 1971, firmado por Prudence Glynn y que llevaba por título «Balenciaga and la vie d'un chien», con el antetítulo de «exclusiva mundial». El texto se publicó en inglés, pero manteniendo en

francés la frase «la vie d'un chien», que probablemente utilizó Balenciaga en una traducción libre de la expresión española «una vida de perros». La cita completa es la siguiente: «Cuando era joven, un especialista me dijo que nunca lograría ejercer el *métier* de costurero que había elegido, porque le parecía demasiado delicado. Nadie se imagina lo duro y agotador que es este oficio, a pesar de todo el lujo y el glamour. De verdad, *c'est la vie d'un chien!*».

**«Lo importante no es el éxito, sino el prestigio».**
Varias fuentes acreditan que Balenciaga creía en esta máxima. Así lo señala, por ejemplo, Hubert de Givenchy en el prólogo del catálogo del Museo Cristóbal Balenciaga: «A menudo me decía que el éxito no es prestigio. ¡Cuánta razón tenía! De todos modos, él tuvo ambas cosas, éxito y prestigio». En su tesis doctoral, Ana Balda escribe: «Solía decir a sus trabajadores que no era importante la fama, sino el prestigio».

**«La costura es como el mar: siempre distinta y siempre igual».**
Esta frase tan poética la pronunció el maestro ante uno de sus colaboradores más estrechos, Juan Mari Emilas, según me cuenta la hija de este, Mariu. «Se solían sentar uno

junto al otro en un banco de Igueldo situado frente al mar. Los que somos del norte sabemos que el Cantábrico cambia mucho debido a las mareas. Pues bien, un día, allí sentados, Balenciaga le dijo a mi padre: "Fíjate, Juan Mari, la costura es como el mar, siempre distinta y siempre igual". Me parece una frase maravillosa, porque encierra mucha sabiduría. Mi padre la repetía muy a menudo, la he oído miles de veces en mi casa; no creo que hubiera una sola semana en su vida en la que él no hablara de Balenciaga».

**«A mi edad uno todavía puede cambiar de vida, pero no de oficio».**

Con esta afirmación de Balenciaga se cerraba la entrevista que apareció el 10 de agosto de 1968 en la publicación francesa *Paris Match*. El texto, de unos pocos párrafos, nos hace pensar que la autora, Virginie Merlin, no dispuso de mucho tiempo para hablar con el diseñador. En la doble página, titulada «Balenciaga devient un visage» [Balenciaga se convierte en un rostro], hay además tres fotos del vasco en La Reynerie, su casa de campo ubicada en las proximidades de Orleans, en Francia. «Había comprado esa propiedad hace más de treinta años, pero nunca encontraba el momento de ir, pues los fines de semana prefería quedarse en París, trabajando en el silencio de sus talleres desiertos», apunta la periodista, que describe esa vivienda como «una casa solariega de paredes de enlucido rosa», situada «en el fondo de un parque a orillas del Loira».

# NOTAS

## PRÓLOGO

1. Algunas fuentes apuntan a que Wladzio era franco-polaco; otras señalan que tenía orígenes franceses y rusos.

## CAPÍTULO 1

2. José Balenciaga Basurto fue nombrado alcalde de Guetaria por el Partido Liberal en 1895 (el mismo año en el que nació su hijo menor, Cristóbal) y, tras resultar reelegido en 1897, permaneció en el cargo hasta 1898, según el libro *Cristóbal Balenciaga. La forja del maestro (1895-1936)*, de Miren Arzalluz.

3. Miren Arzalluz ha investigado en torno a la genealogía de los marqueses de Casa Torres, así como al ambiente que reinaba en su palacio de Guetaria. Según ella, había cuadros de Velázquez, Pantoja de la Cruz y Goya, entre otros.

4. Charles Frederick Worth está considerado como el padre de la alta costura. Fue el impulsor de la Chambre Syndicale de la Couture Parisienne, que defendía los intereses de los creadores de

moda en Francia. Falleció en 1895 (casualmente, el mismo año en el que nació Cristóbal) y sus hijos continuaron con la casa Worth.

5. No está claro cuál fue exactamente el traje de la marquesa que copió el pequeño Cristóbal, pero la editora de moda Bettina Ballard aseguró en su libro de memorias que se trataba de un diseño de Paul Poiret. Este creador fundó su negocio en París en 1903. En una entrevista publicada en *The New York Times* en 1913 (por lo tanto, más tarde de la fecha en la que yo le atribuyo su declaración), dijo: «Yo soy un artista, no un modista». En contra de lo indicado por Ballard, el fotógrafo de moda Cecil Beaton señaló en su libro *The Glass of Fashion* que el vestido en cuestión era obra de Drecoll. Otras fuentes apuntan a que se trataba de un diseño de Redfern.

6. Algunas fuentes señalan que aquel primer diseño creado por Cristóbal Balenciaga iba destinado a la bisabuela de Fabiola de Mora y Aragón, María Micaela Elío; otras, sin embargo, apuntan a la abuela de la que acabaría siendo reina de los belgas, Blanca Carrillo de Albornoz. En este relato me he ajustado a la segunda hipótesis. En la entrevista que concedió el modista a *Paris Match* en 1968, él habla (o así lo reprodujo la publicación) de *l'arrière-grand-mère de la future reine Fabiola*, es decir, la bisabuela. Pero también se refiere a los armarios o las planchadoras de la marquesa, y realmente el Palacio de Aldamar era de la familia de Cesáreo Aragón, marido de Blanca, mientras que María

Micaela (que estaba viuda por aquella época) al parecer solo iba allí de visita. Esta es la traducción de su declaración completa: «Mi padre era pescador, y mi madre una costurera de pueblo. Tuve la suerte de que en ese pueblo de Guetaria, cerca de San Sebastián, se encontrara la residencia de verano de una gran dama, la marquesa de Casa Torres. Yo no tenía más que ojos para ella cuando llegaba a misa el domingo, bajándose de su tílburi, con sus largos vestidos y sus sombrillas de encaje. Un día, reuniendo todo mi valor, le pedí si podía visitar sus armarios. Divertida, aceptó. Y así viví meses maravillosos: cada día después del colegio, trabajaba con las planchadoras de la marquesa en el último piso de su palacio de verano, acariciaba los encajes, examinaba cada pliegue, cada punto de todas esas obras maestras. Tenía doce años cuando la marquesa me autorizó a hacerle un primer modelo. Y ya se puede imaginar mi alegría cuando, al domingo siguiente, vi a la noble dama ¡llegar a la iglesia luciendo mi vestido! Así hice mi entrada en la alta costura y en la alta sociedad, a la vez».

## CAPÍTULO 2

7. He basado la descripción del joven Balenciaga en fotografías de la época. También en un extracto de la entrevista

que concedió el diseñador a *The Times* en 1971. La periodista Prudence Gynn escribe: «Balenciaga me enseña una foto suya a los veinte años: aparece reclinado en una tumbona en la playa de San Sebastián, muy animado y vestido con zapatos de dos tonos, franela, blazer y sombrero de fieltro».

8. En 1919, Cristóbal se asoció a las hermanas Lizaso y la empresa pasó a denominarse Balenciaga y Compañía, aunque mantuvo su sede en la calle Vergara de San Sebastián. Cinco años después, en 1924, el diseñador se estableció en solitario en la avenida de la Libertad, bajo la denominación Cristóbal Balenciaga. En 1927 fundó Eisa Costura en la calle Oquendo. (Todos estos datos están extraídos del libro de Miren Arzalluz).

9. No acabo de comprender qué pintaba un jesuita en todo esto, pero así lo narra la periodista que firmaba el artículo de *The Times*: «De joven, en San Sebastián, su sueño era conocer a Mademoiselle Chanel, quien junto con su hermana frecuentaba las noches de bacarrá en el casino. El director del establecimiento no quería permitir el paso a Balenciaga, pero como ya entonces era cualquier cosa menos indeciso, supo hacerse con la ayuda de un conocido jesuita, el cual —tras la debida mención a los peligros que entrañaba "esa mujer"— le facilitó, con característica eficacia, la entrada que necesitaba».

10. En la entrevista publicada en *The Times*, se atribuye a Balenciaga la siguiente declaración: «Chanel le quitó todas las

tonterías a la ropa de mujer». En cuanto a la referencia que hago a la supuesta aversión de Cristóbal hacia lo cursi, es un detalle que he encontrado de manera recurrente durante mi investigación. El término *cursi* aparece siempre reproducido en español, aunque la fuente sea en inglés o francés, y a continuación se explica el significado de esta palabra, generalmente con poco acierto, pues se trata de una expresión sin un equivalente en esos idiomas. Por ejemplo, Lesley Ellis Miller equipara la cursilería con «la vulgaridad y el mal gusto».

11. Para elaborar este diálogo entre Balenciaga y Chanel me he basado en algunas de las muchas citas de la diseñadora que han llegado hasta nuestros días. Así, en las *Memorias de Coco*, Gabrielle le dice a Louise de Vilmorin: «En 1914 me instalé como modista. Encargaba las chaquetas de mis trajes sastre a las costureras, y daba a la clienta la tela para la falda. El conjunto costaba entonces doscientos cincuenta francos. Los demás modistas seguían una moda, mientras que yo creaba un estilo». A la misma fuente pertenece esa afirmación: «La ambición es una palabra que no temo emplear. Yo era ambiciosa. Quería evadirme y convertirme en el centro de un universo de mi creación, en lugar de quedarme al margen o incluso de formar parte del de otros». En el libro *The World According to Coco* se recoge esta cita: «La moda quiere que la maten; está diseñada para eso». Y esta otra: «La moda es la única cosa que envejece más rápido

—mucho más rápido— que una mujer». También he extraído de *The World According to Coco* la frase «un vestido que no resulta cómodo es un fracaso». Por último, en *El siglo de Chanel*, de Edmonde Charles-Roux, aparecen estas dos declaraciones: «Una mujer elegante tiene que poder ir a la compra sin dar risa a las amas de casa. Ya se sabe que el que ríe siempre tiene razón» y «Un vestido no es un vendaje. Está hecho para ser llevado. Se lleva con los hombros. Un vestido tiene que colgarse de los hombros».

## CAPÍTULO 3

12. El Museo Balenciaga de Guetaria organizó una exposición que repasaba los objetos personales del creador, entre los cuales había prendas de su guardarropa del estilo a las que cito en mi relato.

13. Así lo señaló Pauline de Rothschild en la semblanza que escribió en 1973. Me parece una frase tremendamente elocuente acerca de la mirada que tenía Balenciaga sobre la mujer.

14. En sus memorias, Bettina Ballard explica: «Cuando Balenciaga mostró su primera colección en París, en 1937, estaba deseando su éxito porque él era mi nuevo amigo. Apenas pensaba en ello desde el punto de vista de *Vogue*. Encontré las prendas muy bonitas, particularmente un grupo de vestidos de

manga larga y corpiño ajustado que me recordaban a *Mujercitas*. Los vestidos de día negros eran exactamente lo que necesitaba para París y encargué uno de inmediato».

15. El dato está extraído de *El estilo entre líneas. Una historia del periodismo de moda*, de Kate Nelson Best.

16. La cita procede del catálogo de la exposición que albergó el Museo de las Artes Decorativas de París del 6 de julio de 2006 al 28 de enero de 2007.

## CAPÍTULO 4

17. La sucursal de EISA en Madrid se ubicó inicialmente (desde el año 1933) en el número 42 de la calle Caballero de Gracia. En 1941 se trasladó al número 9 de la avenida de José Antonio, según el libro *Cristóbal Balenciaga. La forja del maestro (1895-1936)*, de Miren Arzalluz, aunque otra autora, Lesley Ellis Miller, apunta que dicho traslado pudo haberse producido antes, probablemente en 1939, justo al finalizar la guerra civil. Sea como fuere, he ambientado el primer encuentro entre Sonsoles de Icaza y Cristóbal Balenciaga en el piso de la avenida de José Antonio. Lo que sí sabemos con seguridad es que cuando se produjo dicho encuentro ella estaba embarazada de su hijo Antonio, según la hermana de este, Sonsoles, lo cual nos sitúa

en el año 1940. Por cierto: en el antiguo número 9 de la avenida de José Antonio se ubica en la actualidad un hotel. El diseñador Lorenzo Caprile grabó allí un reportaje para el programa *Coser y contar*, de Telemadrid.

18. Fruto de ese romance nació el 29 de agosto de 1942 Carmen Díez de Rivera. En sus memorias, escritas por la periodista Ana Romero, Carmen desveló cómo se había enterado de quién era su verdadero padre: fue al anunciar que quería casarse con el hijo de Serrano Suñer. Tuvieron que explicarle que su novio era, en realidad, su hermanastro. «Yo noté que algo se me había roto para toda la vida. Fue un dolor muy profundo [...] Yo no juzgué nada, que conste, porque el amor no se juzga. Lo que sí pensé es: "¿Ustedes cómo han sido tan insensatos y no me lo hicieron saber?". Eso sí. Pero cómo vas a juzgar el amor de dos personas...».

19. «Para su colección de invierno de 1939, Balenciaga mostró un grupo de vestidos de noche que se inspiraron directamente en los célebres retratos de Diego Velázquez de la década de 1650 de la infanta Margarita y sus damas de compañía. *Vogue* y *Harper's Bazaar* los publicaron, y Bergdorf Goodman compró los modelos», detalla el editor de moda Hamish Bowles en el libro *Balenciaga and Spain*.

## CAPÍTULO 5

20. Esta descripción del caserío de Balenciaga en Igueldo está basada en las fotografías en blanco y negro que aparecen en el libro de Marie-Andrée Jouve y Jacqueline Demornex. En ellas se aprecia claramente, entre otros detalles, el lugar preeminente que ocupaba la máquina de coser de Martina. La referencia a las sardinas del párrafo anterior me la contó la periodista Lola Gavarrón, quien, según su testimonio, tuvo la oportunidad de charlar hace años con la cocinera que trabajaba para Balenciaga en San Sebastián.

21. He tardado bastante tiempo en averiguar de qué murió Wladzio, pues las referencias bibliográficas sobre él son escasas. Fue Lorenzo Caprile quien me descubrió que el motivo de su fallecimiento había sido una peritonitis.

22. Me encanta la descripción del diseñador francés que hace Cecil Beaton en su libro *El espejo de la moda*: «El aspecto externo de Dior es el de un apacible cura hecho de mazapán de color rosa».

23. Son palabras textuales extraídas del libro de memorias de Christian Dior.

24. Durante su ponencia en la I Conferencia Internacional Cristóbal Balenciaga, organizada por el museo del mismo nombre, la investigadora Julie Eilber explicó a propósito de Carmel

Snow: «Su tendencia a quedarse dormida durante las colecciones fue objeto de burlas, y su sobrina ha recordado que en París vivía de martinis, pastelería francesa e inyecciones de vitamina B».

25. Esta declaración aparece en el documento *Moda y patrimonio. Cristóbal*, del Museo Cristóbal Balenciaga.

## CAPÍTULO 6

26. Tras la muerte de Balenciaga, Esparza se convirtió en el diseñador de la *maison* Chanel, cargo en el que permaneció durante un corto periodo de tiempo. La marquesa de Llanzol sentía una gran antipatía por Esparza, según me cuenta su hija, Sonsoles Díez de Rivera.

27. Janine Janet fue la persona designada para diseñar los escaparates de la casa Balenciaga de París a partir de 1952. «Tenía carta blanca. Mi única obligación era traducir el clima de la *maison*. Intentaba hacer cosas raras, originales, y muy bien ejecutadas. Quise que no hubiera nada que vender en las vitrinas», le contó la propia Janet a Marie-Andrée Jouve.

28. Son datos extraídos del libro de Lesley Ellis Miller.

29. *Well-dressed women with well-dressed minds*: ese era el lema de *Harper's Bazaar* al referirse a sus lectoras en la época de Carmel Snow.

30. Antes de dimitir de su puesto en *Vogue* para pasarse al bando de *Harper's Bazaar*, Carmel Snow le pidió a la astróloga Evangeline Adams que consultara lo que decían las estrellas al respecto, tal y como relata en sus memorias. Parece que el mundo de la moda está repleto de supersticiosos: Chanel, que creía que el número 5 le daba suerte; Dior, que decidió abrir una casa con su nombre tras tropezar por la calle con un objeto en forma de estrella; la propia Snow...

31. En septiembre de 1950, Carmel Snow publicó lo siguiente en *Harper's Bazaar*: «Balenciaga es el éxito de la temporada. Hubo una ovación de cinco minutos al acabar el desfile, pero "el monje de la alta costura" se resistía a aparecer. Casi ninguna clienta ha podido conocer al misterioso modisto, pero el estilo de Balenciaga —elegante, personal, nunca banal, nunca teatral— representa el paradigma de la moda actual. En todas las casas, las mujeres inteligentes piden abrigos más cortos, de tres cuartos o hasta la muñeca, con cinturón o sin él, que se conjuntan con vestidos más oscuros, estilizados como juncos. También las encandilan las capas superiores largas e inclinadas desde los hombros, que se abren con amplitud, y que están confeccionadas con maravillosos tejidos: pesados tweeds elaborados a mano, reversibles, desde tweed hasta terciopelo, prendas de lana nudosas como caniches o tan peludas y toscamente cepilladas como terriers, todas deliciosamente

cálidas como pieles. Los colores suelen ser neutros: gris, más claro que el acero, beis, camel, azul cielo, rosa pálido, amarillo mostaza [...]».

32. He mezclado varias anécdotas en este capítulo: la ovación de los cinco minutos, los aplausos de Carmel Snow en pie durante un desfile y el desconcierto inicial del público y la prensa ante la silueta Semientallada, que en realidad es de 1951, no de 1950.

33. Me parece muy significativo esto que contaba Bettina Ballard en sus memorias: «Recuerdo una vez que la prensa había pisoteado el suelo y gritado "bravo" hasta quedarse roncos, con un entusiasmo sin precedentes por una gran colección, y yo volví a su estudio para encontrármelo con su bata blanca de trabajo, desgarrando las costuras de uno de los trajes que acababa de mostrar».

34. El relato de este capítulo está ambientado en 1950 pero, en realidad, Givenchy conoció a Balenciaga en 1953, a quien desde entonces consideraría como su mentor. Ese mismo año se produjo su primer encuentro con la que sería su musa, la actriz Audrey Hepburn.

35. Según el informe *Radiografía del sector de la cosmética y la perfumería en España*, de Stanpa (Asociación Nacional de Perfumería y Cosmética), en 2022 el sector de los perfumes y fragancias facturó un total de 1.736,38 millones de euros.

# CAPÍTULO 7

36. En el libro *Balenciaga, mi jefe*, su autora, Mariu Emilas, incluye una impagable entrevista con Carmen Carriches en la que esta relata los pormenores del proceso de creación del vestido de Fabiola.

37. Una curiosidad: un año antes de la boda de Fabiola, en 1959, su madre donó al Museo del Prado la obra *San Sebastián*, de El Greco. Tal y como se informa en la web de la institución, la aristócrata pidió que en el catálogo se indicara que la donación se hacía en memoria de su padre, Cesáreo Aragón. Me pregunto si esa obra fue una de las que inspiraron a Cristóbal de niño, cuando jugaba con Blanca en el palacio de los marqueses de Casa Torres...

38. Así se informaba en la edición que salió a la luz el 17 de diciembre de 1960: «Un helicóptero trasladó las fotografías a París y un avión a reacción a Madrid, con el tiempo justo para poder servir esta edición de OCHENTA MIL EJEMPLARES».

39. Los entrecomillados corresponden a un extracto literal de la crónica de Carmen de Icaza, en la que la hermana de la marquesa de Llanzol utilizaba el estilo grandilocuente de la época.

40. En 2015, el Instituto Cervantes de París diseñó una *ruta Balenciaga* con paradas en los lugares preferidos del modista en

esa ciudad. Dicha ruta comenzaba en la iglesia de Saint Pierre de Chaillot y finalizaba en el Museo de las Artes Decorativas.

41. Givenchy escribió esta sentencia en el prólogo del catálogo del Museo Balenciaga.

## CAPÍTULO 8

42. Diana Vreeland contó en su libro de memorias los problemas que le acarreó el hecho de publicar la colección de Courrèges: «"¿Por qué ha publicado una fotografía como esa?", quería saber la dirección. "Porque soy periodista —dije—. ¡Reconozco una noticia en cuanto la veo!"».

43. Todas las descripciones del apartamento de Balenciaga están documentadas. En la entrevista que concedió a *The Times* en 1971, la periodista menciona, por ejemplo, que «el recibidor está decorado con un mural bellísimo». En el libro de Marie-Andrée Jouve y Jacqueline Demornex se recogen varias fotos del modista en su hogar de París. El detalle de la bandeja lo he extraído de una declaración deliciosa de Givenchy contenida en el libro de Mary Blume: «En su casa vi la bandeja de desayuno más hermosa de toda mi vida. La bandeja era sencilla, con un tapete de lino de la más extraordinaria calidad, un poco tosco, y una taza de porcelana de maravilloso volumen.

La mantequera era de vidrio del siglo XVIII, la lechera era española, más robusta que refinada. Todo era verdad, era honesto, era sólido».

44. «Cuando se retiró, su doctor le animó a amasar un trozo de tela con las manos para aliviar el reumatismo que se había desarrollado tras décadas adaptando manualmente las ropas a los cuerpos», narra Hamish Bowles.

45. Yves Saint Laurent ejerció el cargo de director artístico de la *maison* Dior desde la colección de primavera de 1958 hasta la del invierno de 1960. Sonsoles Díez de Rivera me cuenta que a Balenciaga le horrorizó ver que otras personas diseñaban bajo los nombres de Dior o Chanel tras las muertes de estos, en 1957 y 1971 respectivamente. «A menudo decía: "Cuando yo muera, Balenciaga se acaba. Balenciaga soy yo y nadie puede firmar con el nombre de Balenciaga"», explica Sonsoles.

46. Esta anécdota la relató Cristóbal en la entrevista a *The Times,* con las siguientes palabras: «Ya sabes lo que ocurrió cuando Hitler quiso transferir la alta costura francesa a Berlín», le dijo a la periodista. «Envió a seis alemanes enormes a verme —mucho más altos que yo— para hablar del asunto, y les dije que igualmente podría llevarse los toros a Berlín e intentar enseñar allí a los toreros». No fue el único que se encontró ante tal tesitura, como expone Kate Nelson Best en el libro *El estilo entre líneas*: «La ocupación alemana de París produjo

muchos cambios en la prensa y en la industria de la moda. Los alemanes querían apropiarse del prestigioso negocio de la alta costura, pero Lelong resistió los intentos de trasladar la alta costura a Berlín. Muchos diseñadores, como Chanel, por ejemplo, directamente cerraron sus casas». El hecho de que Hitler quisiera trasladar la alta costura de Francia a Alemania prueba que la moda no es tan superficial como nos suelen hacer creer, sino que se trata de una herramienta con un enorme poder de influencia.

47. En la entrevista concedida a *The Times* en 1971, Cristóbal Balenciaga explica: «El mundo que apoyaba la alta costura se ha terminado. La costura real es un lujo imposible hoy en día. Givenchy aún lo hace porque conoce muy bien el oficio, pero también tiene que hacer *prêt-à-porter* y mantener sus boutiques, que es un trabajo extenuante. Todavía no has acabado una colección cuando ya tienes que iniciar otra, sin descanso, sin pausa. En Balenciaga había diez salas de trabajo: cuatro para sastrería, cuatro para vestidos y dos para sombreros. Los pagos a la Seguridad Social representaban una cifra increíble, unos 200 dólares al día. Chanel nunca, ni siquiera en su apogeo, tuvo que pagar eso. Gastos generales, seguros... todo era abrumador».

48. «Una de las alegrías especiales de mi vida fue conocer a Cristóbal Balenciaga. Él fue un amigo querido. Él diseñó mi vestuario durante diez años. Entendía el lujo y la simplicidad

con una profunda sensibilidad», declaró Danielle Slavik para el catálogo de la exposición sobre Balenciaga que organizó la Mona Bismarck Foundation en París, en el año 2006.

49. Así lo narra Diana Vreeland en sus memorias: «Me encontraba con Mona Bismarck en Capri cuando llegó la noticia. Estaba abajo, vestida para cenar, tomando una copa. Consuelo Crespi me telefoneó desde Roma diciendo que en la radio acababan de anunciar que Balenciaga había cerrado las puertas para siempre esa misma tarde y que no las volvería a abrir. Mona no salió de su habitación en tres días. Quiero decir, se quedó completamente... Quiero decir, ¡era el fin de cierta parte de su vida!».


## EPÍLOGO

50. Casi siempre se sitúa el fallecimiento de Balenciaga en Jávea, pero realmente la muerte se certificó en Valencia, tal y como informaron los periódicos de la época. Así lo señala también el que fuera su chófer, Miguel Cardona, en un testimonio recogido por el Museo Cristóbal Balenciaga: «El viaje al hospital de Valencia fue muy duro, porque la carretera desde Jávea no era buena y la ambulancia daba muchos saltos. Así que lo pasamos al Mercedes 280 y reanudamos la marcha con la

ambulancia detrás. Entramos en la clínica hacia las siete de la tarde. El médico nos dijo: "Despídanse de él, porque va a entrar en cuidados intensivos y ustedes no pueden entrar". Fue la última vez que hablamos con él».

# BIBLIOGRAFÍA COMENTADA

Acerca de Cristóbal Balenciaga se ha escrito mucho y, sin embargo, siguen existiendo numerosas lagunas y contradicciones en torno a su figura. A continuación enumero algunas de las publicaciones que a mí me han ayudado a trazar el relato sobre su persona, su trabajo y la época que le tocó vivir. Espero que este listado sirva como punto de partida a los que vengan después. Quién sabe, tal vez entre todos logremos algún día resolver el enigma…

**Sobre Cristóbal Balenciaga:**

• *Balenciaga*. Marie-Andrée Jouve y Jacqueline Demornex. Éditions du Regard, 1988.

Jouve, que fue la conservadora de los archivos de la casa Balenciaga de París entre 1980 y 2003, firma este *libro-joya* junto a la periodista Jacqueline Demornex. En esta obra se analiza la figura del modista desde múltiples ángulos. Se incluyen, además, fotografías reproducidas a tan alta calidad que en algunas de ellas es posible distinguir cada detalle de los tejidos. Y podemos contemplar imágenes de las casas de Cristóbal que nos permiten imaginar su vida íntima. Aquí he encontrado, además, una foto en la que se ve a Balenciaga y a Chanel juntos, cenando en Allard, en París. Editado en 1988, que yo sepa este libro ya solo se encuentra de segunda mano y en francés. Una lástima, porque se trata de una publicación realmente preciosa.

- *Balenciaga Paris.* Les Arts Décoratifs y Thames & Hudson, 2006.

Catálogo publicado con motivo de la exposición que acogió Les Arts Décoratifs, Musée de la Mode et du Textile de París del 6 de julio de 2006 al 28 de enero de 2007, organizada por Pamela Golbin. Recoge extractos de las publicaciones que año a año iban apareciendo en la prensa especializada acerca de la marca Balenciaga, lo que ayuda a hacerse una idea de la evolución de la misma. E incluye documentos tan interesantes como la reproducción de la fría carta que recibieron los empleados de la *maison* de París al ser despedidos, en 1968. Aquí he hallado otro tesoro para mi particular gabinete de curiosidades: un plano de la sede de la avenue George V en el que es posible escudriñar cada uno de sus rincones. A esta obra pertenece, también, la cita de Hélène David-Weill que recojo en el primer capítulo. La mecenas escribe, además, que «Balenciaga amaba la elegancia, la belleza, las mujeres».

- *Cristóbal Balenciaga (1895-1972): the Couturiers' Couturier.* Lesley Ellis Miller. V&A Publications, 2007.

Gracias a los datos que aporta Lesley Ellis Miller —una voz autorizada por haber sido responsable del Departamento de Muebles, Textiles y Moda del Victoria and Albert Museum de Londres—, podemos valorar en toda su dimensión la importancia que tuvo la *maison* del creador español en Francia. Por ejemplo, entre la primavera de 1954 y la de 1955, Cristóbal Balenciaga diseñó 607 modelos, frente a los 712 de Dior, los 556 de Fath, los 441 de Givenchy y los 222 de Chanel. No me extraña que acabara diciendo que para ser diseñador había que llevar una vida de perros...

- *Cristóbal Balenciaga. La forja del maestro (1895-1936).* Miren Arzalluz. Nerea, 2010.

Este libro es fundamental para entender la etapa española del diseñador, desde su nacimiento hasta el momento en el que estalló la guerra civil, pasando por el ambiente de refinamiento que pudo observar en la casa de los marqueses de Casa Torres. Como curiosidad, contiene la reproducción de una maltrecha foto de Cristóbal de niño junto a sus compañeros de colegio. Miren —hija del que fuera líder del Partido Nacionalista Vasco, Xabier Arzalluz— ocupa en el momento en el que escribo estas líneas el cargo de directora en el Palais Galliera, el Museo de la Moda de París.

- Catálogo del Cristóbal Balenciaga Museoa. Nerea, 2011.

A lo largo de sus más de 400 páginas, el catálogo incluye textos de Miren Arzalluz, Marie-Andrée Jouve, Pierre Arizzoli-Clémentel y Lourdes Cerrillo Rubio. A continuación se muestran los fondos del museo, retratados por el prestigioso fotógrafo de moda Manuel Outumuro y divididos en siete apartados: primeros años, día, cóctel, noche, novias, esenciales y accesorios. Esta obra también incluye un glosario de términos y una cronología. El catálogo se editó en su día en inglés, euskera y castellano, aunque esta última versión estaba agotada en enero de 2023, cuando yo visité el museo, de modo que me hice con la edición anglosajona (y tuve el mérito de cargar con ella —que pesa una tonelada— por las calles de Guetaria).

- *Balenciaga and Spain*. Hamish Bowles. Fine Arts Museums of San Francisco y Skira Rizzoli Publications, 2011.

Este libro se publicó con motivo de una exposición que acogió el Young Museum de San Francisco. La portada es toda una declaración de intenciones: muestra una torera que formaba parte de la colección de invierno de 1946 del diseñador guipuzcoano. En el interior se repasan las influencias españolas de Balenciaga; no solo las corridas de toros, sino también el flamenco, los trajes regionales, la religiosidad... Pero, si buscan curiosidades, lo que les cautivará de este volumen es la reproducción de unos folios mecanografiados que llevan la firma de la baronesa Pauline de Rothschild, una de las grandes clientas de Cristóbal. En el capítulo 1 de este libro recojo un pequeño extracto de esos folios (a los que también me he referido en los apuntes), aunque merece la pena leerlos al completo. La baronesa debía de ser una literata frustrada, a juzgar por cómo relata el encuentro de Balenciaga con la marquesa de Casa Torres: «En medio de una calle, oscurecida por las sombras de sus casas de piedra, una mujer caminaba, de espaldas a la claridad del mar. Vestía un traje hasta los tobillos de shantung de seda pálido. Las severas casas la cercaban. Un niño la estaba mirando [...]».

- *Balenciaga, the Master of Us All. His Workrooms, His World.* Mary Blume. Farrar, Straus and Giroux, 2013.

La periodista Mary Blume, que fue columnista del *International Herald Tribune*, va perfilando una completa biografía del diseñador a partir de los recuerdos de una de sus vendedoras de París, Florette Chelot, la primera persona a la que Cristóbal contrató al llegar a Francia. La mesa de trabajo de Florette era la más próxima a la entrada del estudio privado de Balenciaga, por lo que el contacto entre ambos fue constante. Este libro incluye, además, declaraciones de Hubert de Givenchy que dejan traslucir la admiración que este profesaba hacia su mentor. Por ejemplo, cuando se refiere al cierre de la *maison* Balenciaga en 1968, Givenchy dice: «Se fue como el *grand seigneur* que era. Cerró la puerta».

- *Balenciaga, mi jefe.* Mariu Emilas. Círculo Rojo, 2017.

La autora recoge los apuntes personales de su padre, Juan Mari Emilas, que trabajó en la casa Balenciaga de Madrid. Este ensayo es muy útil para hacerse una idea de cómo eran los entresijos de la firma en España y, además, aporta el punto de vista de los empleados del maestro, así como una guía de algunas de las personas (familiares, trabajadores, clientas, discípulos...) que le rodearon.

- *Cristóbal Balenciaga.* Sophie Guillou y Alice Dufay. Colección Les Petites Histoires de la Mode. Les Petites Moustaches, 2017.

Este libro contiene un pequeño relato ficcionado sobre la infancia de Balenciaga, así como un breve apéndice de preguntas y respuestas sobre el maestro. Se completa con un bonito diccionario ilustrado, que me recuerda a esas *mariquitas* con las que las niñas de mi generación jugábamos cuando éramos pequeñas.

- *Mitos de la moda: Cristóbal Balenciaga.* La Fábrica, 2019.

Colección de fotos del diseñador y de algunos de sus diseños, acompañada por un texto que firma Daniel García.

- *Balenciaga y la pintura española.* Museo Nacional Thyssen-Bornemisza, 2019.

Catálogo de la exposición que acogió el museo madrileño entre el 18 de junio y el 22 de septiembre de 2019, comisariada por Eloy Martínez de la Pera. En esta muestra se comparaban 56 pinturas (procedentes del Museo de Bellas Artes de Bilbao, el Prado, el Lázaro Galdiano, el Cerralbo…) con más de noventa vestidos y accesorios de Balenciaga. En la web del Thyssen hay un vídeo que da cuenta de la riqueza de esa exposición: no se lo pierdan.

- *Pequeño libro de Balenciaga. La historia de la icónica casa de moda.* Emmanuelle Dirix. Blume, 2022.

Como su propio nombre indica, no es un libro, sino un librito. Ofrece un rápido resumen de la firma Balenciaga, desde los primeros años hasta los tiempos posteriores a la muerte del diseñador. «El nombre de la firma permaneció en manos de sus herederos hasta 1978, cuando lo vendieron a la farmacéutica alemana Hoechst AG. Siete años después, Balenciaga se vendió de nuevo y, en esta ocasión, lo adquirió el grupo de perfumes Jacques Bogart [...] En 2001, la firma fue adquirida por Gucci, que, a su vez, fue absorbida por el grupo Kering en 2004», informa la autora. En el momento en el que estas páginas se van a imprenta, el director creativo de la marca Balenciaga es el polémico Demna Gvasalia. Pero todo eso daría para escribir otro libro...

- *El siglo de Balenciaga.* Ayuntamiento de Jávea, 2022.

Libro editado con motivo de la exposición que organizó el Ayuntamiento de Jávea para conmemorar el 50.º aniversario del fallecimiento del modista, comisariada por Pedro Usabiaga. Además de varios textos, reúne fotos de diseños de Balenciaga, así como de clientas y empleados españoles. A pesar de que la muerte de Cristóbal se certificó en Valencia, fue en

Jávea donde pasó las horas anteriores a su defunción y los habitantes de esta localidad se muestran orgullosos de ello. En el prólogo, el alcalde de Jávea, José F. Chulvi, describe al modista como «un hombre forjado frente al Cantábrico que, tras haber revolucionado el mundo de la moda, solo quería construirse un refugio en este rincón del Mediterráneo para dejarse mimar por un clima más amable sin tener que perder de vista sus costumbres ni el mar».

- *Cristóbal Balenciaga: una singular política de comunicación frente al avance del prêt-à-porter.* Tesis doctoral de Ana Balda Arana, Universidad de Navarra, 2023.

En 1956, Balenciaga decidió prohibir la entrada a sus desfiles a la prensa especializada. Primero mostraba la colección a los clientes y solo un mes después permitía el acceso a los periodistas. Esa medida tan insólita es el punto de partida de la tesis doctoral de Ana Balda, probablemente la investigadora española que más tiempo ha dedicado (y sigue dedicando) a estudiar la trayectoria del maestro. «El modisto entendía la alta costura como un instrumento al servicio de la dignidad de la mujer. Desde esta perspectiva, veía con disgusto el gran poder de la prensa de moda que, unido a intereses editoriales, traería como consecuencia el olvido de la moda en sí misma y la propagación de una estética asociada con lo joven, vanguardista e innovador, que él vinculaba con la vulgaridad», reflexiona en las conclusiones finales de su trabajo académico.

**Sobre la industria de la moda:**

- *In My Fashion*. Bettina Ballard. David McKay Company, 1960.

  Bettina Ballard fue enviada como corresponsal de *Vogue* a París en los años treinta. En estas memorias desveló todo el entramado del mundo de la moda: diseñadores, fotógrafos, clientas... El libro dedica un capítulo entero al modista de Guetaria, bajo el título «The secret world of Cristóbal Balenciaga». En sus páginas se deja entrever el cariño que Bettina profesaba a Cristóbal, con quien llegó a viajar a su casa de Igueldo. Según narra, juntos cogieron un tren desde Lyon a Hendaya; de ahí, Balenciaga condujo hasta San Sebastián. «Su vida era su trabajo, que a veces le dejaba hambriento y vacío», asegura.

- *The World of Carmel Snow*. Carmel Snow en colaboración con Mary Louise Aswell. McGraw-Hill Book Company, 1962.

  Las memorias de la que fuera directora de *Harper's Bazaar* de 1934 a 1958 se publicaron un año después de su muerte, acontecida de manera repentina en 1961. En ellas, la irlandesa cuenta «su historia de amor» con la moda. En este libro he leído algunos consejos que me parecen absolutamente vigentes hoy en día, como este que demuestra que Carmel Snow defendió la moda sostenible mucho antes de que existiera tal concepto: «Compra solo lo que necesites. Compra la máxima calidad que te puedas permitir». Ah, y arranca con una anécdota muy divertida: en 1948, Carmel tenía encendida la radio cuando escuchó que se anunciaba un supuesto romance entre Christian Dior y ella misma. El periodista que dio la noticia tuvo que retractarse y, días después, Carmel recibió un ramo de rosas de Dior acompañado por la siguiente nota, cargada de ironía: «Para mi prometida».

- *A Dash of Daring. Carmel Snow and her Life in Fashion, Art and Letters.* Penelope Rowlands. Atria, 2008.

En este libro también se repasa la historia de Carmel Snow, pero en tercera persona. A lo largo de sus páginas, la autora incluye varias referencias a Cristóbal Balenciaga. Por ejemplo, se reproduce el rumor según el cual Carmel estaba secretamente enamorada de Balenciaga (no sé qué pensaría el marido de la periodista de todo esto). El título, por cierto, es una alusión a una de las frases que Snow dejó plasmadas en su libro de memorias: *Elegance is good taste plus a dash of daring.*

- *El espejo de la moda*. Cecil Beaton. Vergara, 2010.

Cecil Beaton (1904-1980) fue uno de los fotógrafos de moda más importantes de la historia. También diseñó el vestuario de películas como *Gigi* y *My Fair Lady*, con las que logró sendos premios Oscar. «Beaton posee un sentido exquisito del buen gusto», decía Dior. En este libro, el autor hace un recorrido por su educación estética, desde el recuerdo a su madre (que prendía flores artificiales en sus vestidos) a la actriz Cécile Sorel, de las sufragistas a las editoras de moda, de Paul Poiret o Madame Vionnet a Cole Porter o Greta Garbo. También escribe, cómo no, acerca de Christian Dior, Coco Chanel y Cristóbal Balenciaga. De este último asegura que «es el Picasso de la moda» (la misma comparación que hizo Cocteau respecto a Chanel, tal y como menciono en el capítulo 2). Y subraya: «En su obra, Balenciaga muestra el refinamiento de Francia y la fuerza de España».

- *El estilo entre líneas. Una historia del periodismo de moda*. Kate Nelson Best. Ampersand, 2019.

Aunque Cristóbal Balenciaga detestaba a la prensa (con excepciones, como la de su amiga Bettina Ballard), su trabajo y el del resto de los diseñadores está indisolublemente ligado al periodismo de moda. A esta materia se dedica este libro, que repasa, por ejemplo, la puesta en marcha de *La Gazette du Bon Ton* en 1912, una publicación impulsada por los diseñadores franceses más importantes de aquella época: Paul Poiret, Madame Chéruit, Georges Doeuillet, Jacques Doucet, Jeanne Paquin, John Redfern y Charles Worth.

- *D.V.* Diana Vreeland. Superflua, 2020.

Memorias (desordenadas, irónicas, divertidísimas) de la que fuera directora de *Vogue* en Estados Unidos durante los años sesenta. En ellas, Diana habla de todo un poco: de las revistas de moda, de Nueva York, de Coco Chanel... Y sí, también de Balenciaga. «Él ha sido el mayor modista que ha existido», afirma la autora en sus páginas. Ojo, porque todo lo que decía la Vreeland hay que cogerlo con pinzas, si nos atenemos a su propia confesión: «Exagero. Siempre. Y, por supuesto, soy fatal con los hechos. Pero una buena historia... Algunos detalles... Están en la imaginación. A eso yo no lo llamo mentir».

**Sobre Gabrielle Chanel:**

- *El siglo de Chanel*. Edmonde Charles-Roux. Herce Editores, 2007.

La aldea de la que procedía la familia de Gabrielle, las celebridades con las que se codeó, las etapas cruciales de su vida… Tanto por el texto como por las fotos, este es un libro de cabecera para descubrir no solo a Chanel, sino también la época que vivió. Si no conocían a esta autora, apunten su nombre: Edmonde Charles-Roux fue presidenta de la Academia Goncourt (la prestigiosa sociedad literaria francesa) y una de las mujeres que más aportaron a la prensa femenina. Falleció en 2016.

- *Memorias de Coco.* Louise de Vilmorin. Nortesur, 2009.

Louise de Vilmorin recoge el testimonio en primera persona de Gabrielle Chanel sobre su vida. O, más bien, sobre la vida que se inventó, porque Mademoiselle, igual que Diana Vreeland, era una gran mentirosa. Las memorias están inacabadas, pues el proyecto se abandonó en su día por falta de editores interesados en publicarlas, lo cual hizo que Coco (de cuyo mal carácter me declaro fan absoluta) se enfadara muchísimo.

- *Descubriendo a Coco.* Edmonde Charles-Roux. Lumen, 2009.

En este caso, la autora narra la vida de Chanel de manera novelada. Así cuenta, por ejemplo, el origen de su apodo, cuando trabajaba en La Rotonde, un café-concierto de provincias: «La recién contratada solo sabía dos canciones. Comenzaba con un cuplé de *Ko Ko Ri Ko*, revista en la que Polaire había tenido un gran éxito en 1898 en la elegante sala de cafés concierto parisiense, la Scala. Era una tradición en La Rotonde que la aparición de Gabrielle se acompañara de diversas onomatopeyas, entre las que dominaba el canto de las aves, con el fin de animarla cuando con voz ronca lanzaba un tímido *ko ko ri ko* en el que con mucho esfuerzo se reconocía el grito vencedor del gallo».

- *Chanel. Her Life.* Justine Picardie. Steidl, 2011.

Este libro es un lujo por dos razones: los textos llevan la firma de Justine Picardie, exdirectora de la edición británica de *Harper's Bazaar*, y las ilustraciones son de Karl Lagerfeld, el diseñador que mejor reinterpretó el legado de Chanel. Creo que un ejemplar así no puede faltar en una buena biblioteca de moda.

- *Chanel íntima.* Isabelle Fiemeyer. Nerea, 2012.

El mayor interés de este libro es que recoge el testimonio de Gabrielle Palasse-Labrunie, sobrina nieta y ahijada de Coco, con lo cual nos da una visión más cercana (aunque también menos objetiva) de la diseñadora, con píldoras como esta: «De pequeña me metía por las mañanas en la cama de Auntie Coco, para que me diera mi sesión de mimos, ¡y ahora creo que soy probablemente la única persona del mundo que puede contar algo así!». El padre de Gabrielle Palasse-Labrunie era André, a su vez hijo de Julia-Berthe, la hermana mayor de Coco. Cuando Julia-Berthe se suicidó, Coco acogió a André como si de un hijo se tratase, porque ella nunca fue madre (este asunto lo abordo en mi libro *No madres*, en la parte dedicada a aquellas mujeres que han trascendido a pesar de no haber tenido descendencia).

- *Chanel. Arte y negocio.* Amy de la Haye. Nerea, 2013.

Desde la sombrerería Chanel Modes hasta la aportación de Karl Lagerfeld, aquí encontramos un análisis acerca de Chanel como icono y como proyecto empresarial.

- *The World According to Coco.* Editado por Patrick Mauriès y Jean-Cristophe Napias, con ilustraciones de Isabelle Chemin. Thames & Hudson, 2020.

Recopilación de frases célebres de Mademoiselle. A lo largo de sus páginas se deja claro que, a diferencia de Balenciaga, Chanel no tenía pelos en la lengua... Aquí una de mis citas preferidas: «Cada vez que he hecho algo razonable, me ha traído mala suerte». O esta otra: «Solo hay una cosa que me da miedo: aburrirme».

- *Picasso Chanel*. Museo Thyssen, 2022.

  Tuve la suerte de recorrer, invitada por el equipo de Chanel en España, esta exposición que acogió el Thyssen para celebrar el 50.º aniversario de la muerte de Picasso. En ella se mostraban los paralelismos entre la obra de ambos. En el catálogo de la muestra se narra que el pintor y Coco Chanel se conocieron en 1917, justo el año en el que se supone que la *couturière* coincidió con Balenciaga en San Sebastián.

**Sobre Christian Dior:**

- *Christian Dior y yo*. Christian Dior. Gustavo Gili, 2007.

  Las memorias redactadas en primera persona por el modista de Normandía ayudan a comprender cómo era el proceso de creación en los talleres de alta costura. También revelan la idea de la moda que tenía Dior y hasta qué punto estaba orgulloso del *savoir faire* francés: «París posee el sentido de lo acabado, de lo perfecto, razón por la cual el mundo entero viene a buscar en nuestra tierra la calidad artesana que no se encuentra en ningún otro sitio y que por encima de todo debemos conservar», escribió.

- *Dior.* Assouline, 2007. Farid Chenoune (textos) y Laziz Hamani (fotografías).

Un libro de lujo en el que podemos contemplar las colecciones de Dior desde sus orígenes hasta los años 2000. Incluye además documentos míticos, como el retrato que le hizo Richard Avedon a la modelo Dovima en 1955, en el cual la maniquí posa entre dos elefantes auténticos luciendo un diseño de Yves Saint Laurent para la casa Dior. Eso sí que eran producciones de moda y no las de hoy en día...

- *Dior Couture.* Patrick Demarchelier. Rizzoli, 2011.

Demarchelier fue el fotógrafo oficial de la princesa Diana; además, es uno de los nombres más reconocidos del mundo de la moda. En este libro fotografía un centenar de diseños de alta costura de Dior (incluidos algunos de los que firmó el propio Christian Dior) sobre los cuerpos de modelos actuales.

- *Dior New Couture*. Patrick Demarchelier. Rizzoli, 2014.

Continuación del volumen anterior. Lorenzo Caprile opina que de Dior hay demasiados *coffee-table books* pero se echan en falta más libros que analicen su figura en profundidad.

- *Dior: The Perfumes*. Chandler Burr. Rizzoli, 2014.

Otro *coffee-table book*; este es tan bonito que me lo tomo como un elemento de la decoración de mi casa, con su portada inundada de flores. En el interior encontramos todos los perfumes de Dior fotografiados por Terri Weifenbach. Los textos los escribe la persona que ejerce la profesión de mis sueños: Chandler Burr, crítico de perfumes. Si existen los críticos de cine o de literatura, ¿a qué esperamos para tener en España críticos de aromas? ¡Me ofrezco voluntaria!

**Otras lecturas de interés:**

- *Historia de Carmen. Memorias de Carmen Díez de Rivera*. Ana Romero. Planeta, 2002.

La periodista Ana Romero recogió los recuerdos de Carmen Díez de Rivera antes de la muerte de esta. Además de narrar su trayectoria política, Carmen contó el impacto que sufrió al enterarse de que era fruto del romance que vivió su madre, Sonsoles de Icaza —considerada como la musa de Balenciaga—, con el todopoderoso Ramón Serrano Suñer, cuñado de Franco. Esta historia se contó de manera ficcionada en una serie de televisión que se basaba a su vez en una novela de la periodista Nieves Herrero, *Lo que escondían sus ojos*.

- *La belleza del siglo. Los cánones femeninos en el siglo* XX. Nathalie Chahine, Catherine Jazdzewski, Marie-Pierre Lannelongue, Françoise Mohrt, Fabienne Rousso, Francine Vormese. Editorial Gustavo Gili, 2006.

Una guía de consulta rápida para entender cómo han ido evolucionado las modas estéticas a lo largo de la historia, desde el kohl con el que Cleopatra protegía sus ojos de la arena hasta la polémica delgadez que instauró Kate Moss. Ya se sabe que no hay industria de la moda sin industria de la belleza, y viceversa.

# CRÉDITOS DE LAS FOTOGRAFÍAS

p. 24, Puerto de Guetaria a principios del siglo XX © Xanti Iru-retagoiena / Zarauzko Udala

p. 44, Bolero en terciopelo azul con bordados y aplicaciones de terciopelo y azabache © Manuel Outumuro. Cristóbal Balenciaga Museoa

p. 46, Cristóbal Balenciaga y Coco Chanel © Boris Lipnitzki / Roger-Viollet

p. 63, Etiqueta EISA, correspondiente al vestido de novia en gasa con estampado floral © Jon Cazenave. Cristóbal Balenciaga Museoa

p. 64, Wladzio d'Attainville y Cristóbal Balenciaga en Suiza. Cortesía de la familia Emilas

p. 82, Tocado en terciopelo negro con penacho de plumas *aigrette* © Vicente Paredes. Cristóbal Balenciaga Museoa

p. 84, Cristóbal Balenciaga y Sonsoles de Icaza. Cortesía de Sonsoles Díez de Rivera y de Icaza

p. 103, Vestido Infanta © Album / Oronoz

p. 104, Casa de Cristóbal Balenciaga en Igueldo. Fondo Gyenes. Biblioteca Nacional de España © Juan Gyenes, VEGAP, Madrid, 2023

p. 124, Receta manuscrita de Pollo a la Indiana. Cortesía de Fernando Lemoniez

p. 126, Cristóbal Balenciaga en su taller en París. Fondo Gyenes. Biblioteca Nacional de España © Juan Gyenes, VEGAP, Madrid, 2023

p. 149, Publicidad perfume Le Dix. Colección Crivillé

p. 150, Enlace del rey Balduino de Bélgica y Fabiola de Aragón © Roger-Viollet

p. 168, Vestido de novia © Album / Oronoz

p. 170, Casa de costura Balenciaga en París el día de su cierre © Album / EFE

p. 189, Abrigo Baby Doll en satén fucsia © Manuel Outumuro. Cristóbal Balenciaga Museoa

p. 252, Balenciaga en una barandilla de su *maison* en París. Fondo Gyenes. Biblioteca Nacional de España © Juan Gyenes, VEGAP, Madrid, 2023

# AGRADECIMIENTOS

A mi editora de Penguin Random House, Virginia Fernández, que a pesar de mis reticencias iniciales me convenció de que yo era la persona indicada para escribir acerca de Cristóbal Balenciaga. Y a David Trías, director literario del mismo grupo, por ese desayuno del que acabó saliendo el título de este libro.

A todas las fuentes que generosamente han prestado su testimonio a estas páginas: Beatriz Miranda, Lola Gavarrón, Eloy Martínez de la Pera, Ana Balda, Stéphane Rolland, Lorenzo Caprile, Sonsoles Díez de Rivera, Alberto San Juan, Fernando Lemoniez, Juanjo Ruiz Crivillé, Antoine Poujol, Isabel Vaquero, Rosa Clará, Jesús Mari Montes-Fernández, Carmen Martínez-Bordiú y Mariu Emilas.

A mis compañeras periodistas Paloma Simón y Marta de la Calzada, por facilitarme algunos de sus contactos. A Silvia Pini, Nieves Álvarez y Tiffany Arystaghes, por allanarme el camino para acceder a Stéphane Rolland. A Lucía Rico, por hacer de puente entre Alberto San Juan y yo. A Yolanda Morea, por servir de enlace con Rosa Clará.

Al Museo Cristóbal Balenciaga de Guetaria, por la cesión de algunas fotos. A la Universidad de Navarra —y, en particular, a la profesora Cristina Sánchez Blanco— por permitirme utilizar su fantástica biblioteca, tan bien nutrida de libros de moda. A la Biblioteca Nacional, ese lugar donde fui feliz leyendo bajo una cúpula de cristal los viernes por la tarde.

A mis tíos Mabe y José Ramón, por sacarme de mi encierro voluntario en un puente de mayo e invitarme a comer para que no desfalleciera durante la redacción de estas páginas. A Nico Granjo Fernández-Miranda, por presumir de su tía escritora cuando entra en las librerías de Gijón (te quiero hasta la Luna).

A mis padres, por su aliento en cada proyecto que emprendo.

A José, por acompañarme a Guetaria y hacer fotos mientras yo tomaba notas (somos un equipo). Y por construir para mí el estudio de escritora que yo no supe ver, que yo no supe que necesitaba, a pesar de que Jo March llevaba cuarenta años susurrándomelo.

Al Museo Cristóbal Balenciaga de Guetaria, por la cesión de algunas fotos. A la Universidad de Navarra —y, en particular, a la profesora Cristina Sánchez Blanco— por permitirme ojear su fantástica biblioteca, tan bien nutrida de libros de moda. A la Biblioteca Nacional, ese lugar donde fui feliz leyendo bajo una cúpula de cristal los viernes por la tarde.

A mis tíos Maku y José Ramón, por sacarme de mi encierro voluntario en un brunch de mayo e invitarme a comer para que no desfalleciera durante la redacción de estas páginas. A Álex (hijo) Fernández-Miranda, por presumir de su tía escritora cuando entra en las librerías de Gijón de quien hará la tonta.

A mis padres, por ayudarme en cada proyecto que emprendo.

A José, por acompañarme a Guetaria y hacer fotos mientras yo tomaba notas (somos un equipo). Y por conseguir para mí el cariño de escritora que yo no supe ver, que yo no supe que necesitaba, a pesar de que Jo March llevaba cuarenta años enseñándomelo.

Este libro se terminó de imprimir en Navarra
en septiembre de 2023, cuando la ola de calor dio
paso a las lluvias torrenciales. Ciento seis años antes,
Cristóbal Balenciaga se detuvo frente a la puerta
del Casino de San Sebastián. No sabemos si llovía.

En su composición se empleó la familia tipográfica
Baskerville con el auxilio de Knickerbockers Grotesk
para los títulos.